KB113596

『에밀』 깊이 읽기

루소, 교육을 말하다

차례
Contents

다섯 아이를 고아원에 버린 아버지

"아버지로서의 의무를 다할 수 없는 사람은 아버지가 될 권리가 없다. 가난도 일도 체면도, 자식을 키우고 가르치는 의무를 면제해줄 이유가 될 수 없다. 독자들이여, 그 점에 대해서는 나를 믿어도 좋다. 예언하건대, 누구든 인간으로서의 도리를 가지고 있으면서도 그토록 신성한 의무를 저버리는 자는 오래도록 자신의 잘못에 대해 통한의 눈물을 흘릴 것이며 결코 그 무엇으로도 위로받지 못할 것이다."[1]

교육학의 명저로 꼽히는 루소(Jean-Jacques Rousseau: 1712~1778)의 『에밀 또는 교육론(Émile ou de l'éducation)』 앞부분에 나오는 구절이다. 그런데 공교롭게도 이 글을 쓴 저자는 자신의 아이들을, 그것도 무려 다섯 명이나 고아원 문 앞에 내다 버렸다.

루소의 '버려진 자식들'은 오늘날까지도 사람들의 입방아에 가장 먼저 오르내리는 이야깃거리이다. 루소의 글을 단 한 줄도 읽지 않은 사람이라도 자식들을 고아원에 버리고 그 어머니를 불확실한 운명에 방치한 양심 없는 아버지에 대한 이야기는 알고 있을 정도다.

1764년 볼테르(Voltaire: 1694~1778)가 『시민의 견해』라는 8쪽짜리 소책자에서 익명으로 루소의 행위를 공개 규탄한 이래로, 루소가 자신의 아이를 모두 고아원에 버린 사실은 끊임없이 논란을 불러일으켜 비웃음거리가 되었다. 심지어 루소가 쓴 책의 진정성을 의심하는 근거가 되기도 했다. 사르트르(Jean Paul Sartre: 1905~1980)는 『문학이란 무엇인가』라는 저서에서 다음과 같이 빈정댔다. "장 자크는 자신의 아이들을 고아원에 넣었다. 그런 마당에 대체 누가 루소의 인간주의를 진지하게 생각하겠는가…. 독자는 그의 책을 옆으로 밀어놓으며 태평한 마음으로 '이 모든 것은 한낱 문학에 지나지 않을 뿐'이라 주장할 것이다."

루소는 1744년 10월 파리 생 캉탱의 하숙집에서 평생의 동반자가 될 테레즈(Thérèse Levasseur)를 만난다. 그녀는 루소가 베네치아에서 돌아오는 길에 잠깐 머물렀던 하숙집에서 세탁부로 일하고 있었다. 20대 초반의 젊고 수줍은 소녀는 공동 식사 시간에 종종 사람들의 거친 농담과 조롱의 대상이 되었는데, 루소는 기사처럼 그녀를 지켜주곤 했고 이를 계기로 둘은 가까워지게 되었다. 루소는 이렇게 말했다. "나는 처음에는 그저 일시적 재미를 얻으려고만 했었다. 그러나 나는 내가 그 이상의 일을 했고, 그 때문에 반려자를 얻게 되었다는 것을 알았다."[2)]

루소가 그녀를 선택한 것은 사랑 때문이 아니라 그녀가 자기보다 못한 존재로 그에게 전혀 위압감을 주지 않아서였던 것 같다. 루소는 죽을 때까지 33년 동안 테레즈와 함께 살았는데 그중 23년 동안은 결혼하지 않은 채로 동거했으며 말년에 뒤늦게 결혼식을 올렸다.

루소의 평생 반려자인 테레즈에 대해서는 그녀가 살아 있을 때 벌써 비판이 제기되었다. 루소의 교양 있는 친구들은 그녀를 멍청하고 소견이 좁다고 깔보았다. 확실히 그녀는 제대로 읽을 줄도, 쓸 줄도, 계산할 줄도 몰랐다. 하지만 루소가 그녀에게서 바란 것은 정신적 동료가 아니라 "단순하고 교태를 부리지 않으며 다정하고 솔직한 가슴을 가진 감정 풍부한 소녀"였다. 그는 다음과 같이 말했다. "테레즈의 마음은 천사와 같았다. 우리 두 사람의 애정은 우리가 가까워질수록 더욱 강해졌다. 그래서 우리는 서로가 얼마나 천생연분

인가를 날이 갈수록 더욱 간절히 느꼈다."

삼십여 년의 모진 풍상을 겪으면서 루소는 그녀가 적절한 판단력으로 어려웠던 시기에 옆에서 훌륭한 조언을 해주었다고 회상한다. "내가 스위스나 영국이나 프랑스에서 곤경에 처해 있을 때면, 종종 그녀는 나 자신도 보지 못했던 것을 보았고 내게 따라야 할 최선의 의견을 내놓았고 내가 맹목적으로 뛰어드는 위험으로부터 나를 구해냈다."

그들의 관계가 시작된 지 약 1년 후에 테레즈는 임신 사실을 밝혔고, 1746년 말에 아이가 태어났다. 아이의 출생일이나 성별에 대한 기록은 없고, 어린 젖먹이는 즉시 기아 수용시설(Hôpital des Enfants-Trouvés), 즉 고아원에 맡겨졌다. 그 후 연달아 태어난 다른 네 명의 아기도 마찬가지였다.

후세의 사람들은 루소의 그런 처사를 이해할 수 없었다. 『에밀』 같은 숭고한 자녀 교육서를 쓴 사람이 어떻게 자기 아이들을 고아원에 버릴 수 있었을까? 어떻게 자신의 아이들을 키우기를 거부한 사람이 교육에 대해 논할 수 있단 말인가? 자신의 글에서 주장하는 것과 전혀 다른 삶을 산 그에게서 어떻게 작가의 진정성을 기대할 수 있을까? 심지어 그런 사람이 과연 『에밀』 같은 책을 썼을까 하는 의구심마저 품게 되었다.

정말로 루소는 지저분하고 잡스러운 협잡꾼에 지나지 않

는 것일까? 루소를 옹호하는 어떤 사람들은 이 아이들이 루소의 친자식이 아니라 테레즈가 다른 남자들 사이에서 낳은 아이들이라고 주장하는가 하면, 또 성적으로 불능이라는 의혹을 받고 있던 루소가 이를 감추기 위하여 꾸며낸 거짓말이라고 가정하기도 한다. 또 어떤 사람들은 루소를 매어두기 위해 테레즈나 테레즈의 어머니가 있지도 않은 사실을 꾸며낸 것이라 추측한다. 루소가 자신의 자서전에 긴장이나 감동을 불어넣기 위해 거짓말을 했다고 주장하는 사람도 있다. 그러나 루소의 고백이나 당시 사람들의 증언이나 관련된 자료로 비추어볼 때 이러한 이야기들은 별로 근거가 없어 보인다.

루소가 자식을 버렸다는 사실에 관하여 루소를 변호할 여지는 남아 있지 않다. 남은 것이 있다면 이 '사실'을 이해하는 것뿐이다. 그러기 위해서는 사실 관계나 시대 배경에 대하여 상세한 연구가 필요할 것이다. 그렇지만 여기에서는 『에밀』 자체를 이해하는 것에 따른 약간의 사정만 언급하기로 한다.

첫아이가 태어날 즈음 루소의 생활은 안정되지 못한 상태였다. 후견인들의 비서 겸 '보조 교사'로서 용돈을 벌며 겨우 생활을 하는 정도였다. 당시 테레즈와는 결혼할 생각이 없었다. 루소는 이러한 환경에서 아이들을 정상적으로 키우기가 불가능하며, 이러한 문제들을 가장 손쉽게 해결하는 방법은 당시 프랑스의 관행을 따르는 것이라고 생각했다.

루소는 파리에 처음 머물던 시절 오페라 극장 주변의 카페에서 많은 사람과 어울렸고, 그들로부터 처세술을 배웠다. 『고백록』에는 재봉사의 처, 라 셀 부인의 집에서 들은 재미있는 일화에 대한 대목이 있는데, 여기에 버려지는 영아들에 대한 이야기가 나온다.

"나는 그곳에서 아주 재미있는 일화들을 들었다. 그곳에서 가장 흔한 대화 주제는 유혹당한 정직한 여인들, 배반당한 남편들, 꼬임에 빠진 부인들, 비밀스러운 출산 같은 것이었다. 이때 기아 수용 시설에 어린애를 가장 많이 보낸 사람이 언제나 제일 갈채를 받았다. 그 이야기에 귀가 솔깃했다. 매우 다정하고 그 근본이 퍽 점잖은 사람들 사이에서 지배적인, 이 사고방식에 따라 나는 내 사고방식을 세웠다. 나는 속으로 생각했다. '이것이 이 나라의 관행이니까 여기에 사는 동안에는 나도 그것을 따라도 된다.' 이것이 내가 찾던 방책이었다. 나는 조금도 양심의 가책은 없이 대담하게 그렇게 결정했다."

루소 시대에 자식을 고아원에 보내는 것이 "사회의 관행"이었던 것은 사실이다. 메르퀴르 드 프랑스가 1746년 6월에 발간한 『고아원 시설 약사』에 따르면 1670년에 512명,

1700년 1,738명, 1745년 3,234명의 아이가 버려졌다. 파리시의 통계에 따르면 1740년에서 1749년까지 10년간 수도 파리에서 버려진 아이들의 숫자는 3만 2,917명에 달했다. 그리고 다음 10년 사이에는 두 배가 늘어 6만 7,033명에 달했다. 그리고 그 버려진 아이들 중에는 당대 사교계의 꽃이었던 드 탕생 후작 부인의 사생아이며 후에 『백과전서』의 발간을 주도했던 유명한 수학자 달랑베르도 포함되어 있을 정도였다.

그러나 아무리 "사회의 관행"이라고 해도 아이를 고아원에 맡기는 것은 부모로서 부끄러운 일이었다. 루소는 편지들과 말년의 회고적인 글들에서 자식을 버린 행동을 변명했다. 그는 여러 가지 이유를 내세우며 양심의 가책과 친지들의 비난을 물리치려고 애썼는데, 가장 진실에 가까운 것은 열악한 경제 여건 때문이라고 할 수 있다.

루소는 친구였던 프랑쾨유 부인에게 보낸 편지에서 다음과 같이 변명하고 있다. "곤궁함과 불행으로 인해 그렇게나 소중한 책임을 완수할 능력이 없다는 것은 내가 동정받아야만 하는 불행이지 비난받아야 할 죄악이 아닙니다. (…) 부인, 당신은 저의 처지를 잘 알고 계십니다. 저는 하루하루 힘겹게 벌어먹고 삽니다. 그런 제가 어떻게 가족을 부양할 수 있겠습니까? 또 집안 걱정과 아이들에 대한 근심이 벌이가 되는 일을 하는 데 필요한 정신의 평안을 앗아간다면 어떻게 작가라는 직업을 계속 유지할 수 있겠습니까? 배고픔을 구술한 글들은 별로 벌이가 되지 못합니다. 그러므로 저는 커다란 기획과 계략과 위선으로 도피해야 할 겁니다. 혹은 어떤 하급직을 얻으려고 노력해야 할 겁니다. 간단히 말해 제가 싫어하는 모든 치욕스러운 일을 해야 하는 겁니다. 나와 나의 아이들과 내 아내를 불행한 사람들의 고혈로 부양한다고요! 아닙니다. 부인, 그들은 악당을 아버지로 갖기보다 차라리 고아인 것이 더 낫습니다."

루소는 친절하긴 하지만 신분 의식이 강한 귀족들과 부자들의 호의에 종속당하는 것이 싫어 독립을 얻는 대신 극심한 가난이라는 대가를 치러야 했다. 생계를 잇는 수단이었던 악보 베끼기로는 테레즈와의 작은 가계도 감당할 수 없었다.

루소는 진리만을 말하는 작가가 되기 위해 귀족과 부자들의 호의나 당시의 문예 후원 제도 혜택 등을 거부하고 가난한 삶을 살기로 결심했다. 그러나 생계를 유지하기 위해 싫어하는 일, 부끄러운 일을 하게 된다면 자기 마음대로 글을 쓰지 못하게 될까 봐 걱정했다. 만약 가족을 부양하느라 자신의 자유를 희생한다면 아이들을 미워하게 될 것이고, 그것은 자식들의 입장에서도 마찬가지일 것이다. 루소가 후원자들의 호의나 사회적 혜택을 거부한다면, 가난한 가족들이 아버지를 증오할 것이라고 믿었다.

루소가 정말로 걱정한 것은 자신의 아이들이 가난하고 탐욕스러운 테레즈의 가족들에게 맡겨져 '괴물'로 만들어지거나 또는 그의 후원자들에게 맡겨져 "자신의 부모를 증오하고 어쩌면 배신하도록" 키워지는 것이었다. 게다가 늘 건강염려증이 있었던 루소로서는 자신이 얼마 살지 못하고 죽게 된다면 테레즈가 자식들을 버릴지 모른다고 생각했다. 그렇다면 차라리 아이들을 국가가 관리하는 고아원에 맡기는 것이 더 좋다고 생각했던 것이다.

"아무튼 나는 아이들에게 가장 해가 적은 것이 고아원 교육임을 알았기에 아이들을 그곳에 보냈다. 다시 그때가 온다 해도 나는 아무런 의심 없이 또 그렇게 행동할 것이다."

그리하여 루소는 아이들을 훗날 알아볼 수 있는 그 어떤 조치도 취하지 않고 고아원에 넘겨버렸다. 심지어 아이들의 생일조차 써놓지 않았다. 그는 "이러한 방법이 매우 훌륭하고 분별이 있고 정당하게 생각되었고 (…) 사실상 전혀 나쁜 것이라고 생각하지" 않았다. 루소는 아이들을 직접 "키울 능력이 없어 그들을 공공교육에 위탁하여 건달이나 재산을 노리는 사람이 되도록 방치하기보다 노동자나 농민이 되도록하면, 시민으로서나 아버지로서의 본분에 어긋나지 않는다고" 믿었다.

훗날 루소는 자신이 늘어놓은 변명이 스스로를 설득하기에도 충분하지 않다는 사실을 깨닫고 자신의 "결론이 틀렸다"고 인정한다. 루소는 『고백록』에서 "장 자크는 생애에서 단 한 순간도 무정하고 무자비한 인간, 무도한 아비가 될 수는 없었다"라고 말했다. 그리고 지난날 자신이 저지른 과오가 언제나 남아 그의 양심을 괴롭혔다고 고백했다. 그는 "내가 내 자식들에 관해서 취한 결정은 아무리 분별에 따른 것이라 하더라도 늘 내 마음을 편히 해줄 수는 없는 일이었다. 교육론『에밀』을 구상할 때 나는 무엇으로도 벗어날 수 없는 의무를 소홀히 했음을 느꼈다. 마침내 회한이 쌓여 나는 『에밀』의 첫머리에서 내 과오를 공개적으로 고백하고야 말았다"고 솔직히 말했다.

여기서 우리는 루소가 『에밀』을 쓸 수밖에 없었던 이유에 대해 언급해야만 할 것 같다. 바로 고아원에 맡긴 자식들에 대한 후회와 속죄에 대한 것이다. 루소는 자신과 편지를 주고받던 한 사람에게 "아직 나에게는 책을 써서 씻어야 하는 오래된 죄가 있습니다. 대중은 그 후에 나를 결코 용납하지 않을 것입니다"라고 말했다.

루소는 『에밀』 앞부분에서 친자식을 키우지 않은 사람은 "오래도록 자신의 잘못에 대해 통한의 눈물을 흘릴 것이며 결코 그 무엇으로도 위로받지 못할 것이다"라고 썼다. 역설적으로 루소의 경우 바로 아이를 버렸기 때문에 교육론을 쓸 수 있다고 말할 수 있다. 루소 자신의 말처럼 작가로서의 루소는 "여인에게 사랑의 편지를 쓰기 위하여 그 여인과 떨어져 있어야 하는 남자"와 같다. 자신이 내다 버린 아이들에 대한 회한은 반대로 루소에게 그것으로 죄를 씻어야 한다는 강력한 동기가 된다. 메우고 싶지만 메울 수 없었던 삶의 공허감에서부터 루소의 글쓰기는 시작된다. 또한 글쓰기를 통해 고통을 드러내는 그의 행위는 다른 사람들이 동일한 과오를 저지르지 않게 하는 예방의 역할을 한다. 루소는 『에밀』을 쓰는 목적 가운데 하나가 "나의 실수를 변명하기 위해서가 아니라 독자가 내 실수를 흉내 내지 않도록 막기 위해서였다"라고 말한다.

아이를 고아원에 버린 루소의 행위는 비난받아 마땅하다. 하지만 루소의 '용서받지 못할 선택'에는 헤아려야 할 부분이 있다. 우리의 정신은 타인의 고통을 이해하고 슬퍼할 줄 아는 연민을 통해 깊어진다. 어쨌든 루소의 '버려진 자식들'은 그의 개인사로는 불행이었지만 『에밀』이라는 훌륭한 저술의 모태가 되었음은 사실이다.

인간을 인간답게 길러야 한다

루소는 18세기 정치 사상가들 중에서 가장 독창적인 그리고 가장 위험한 사상가였다. 동시대의 선도적 지식인들이 대개 그러했던 것처럼 루소 역시 정치와 상관없는 다른 많은 일에 관심을 기울였다. 그는 존경받는 작곡자였으며, 음악 사전의 탁월한 저자이기도 했다. 더욱이 그의 『고독한 산책자의 몽상』은 18세기 낭만주의적 자연주의에 대한 최초의 주요 공헌으로 인정받는다. 또 『신 엘로이즈(La Nouvelle Héloïse)』는 그의 동시대인들 사이에서 폭넓게 읽힌 소설이었다. 그의 『고백록』은 아우구스티누스의 『참회록』 이후 가장 주목할 만한 자서전이었다.[3] 그러나 그 무엇보다도 그는

(만일 글자 그대로의 의미에서 그러한 표현을 허락한다면) '인간학자 (anthropologue)'였다. 즉 루소는 교육자나 교육 사상가라 아니라 인간학자였다. 그가 쓴『에밀』도 어머니들이나 가정교사들을 위한 교육 지침서로의 용도는 아니었다. 인간을 오직 교육적 관점 아래서 고집스럽게 고찰하고 이해하려 한 "인간학적 탐구"의 열매였다.

『에밀』은 단순히 교육학자만의 연구 대상으로 그쳐서는 안 되며, 인간의 본성에 관심을 갖는 모든 분야의 사람들이 읽고 연구해야 할 고전이다. 그 무엇보다『에밀』은 교육 현장에서 사용할 수 있는 교본이 아니다. 루소 자신도 "다양한 경험적 상황을 배제하고 인간 교육의 일반 원리들을 찾기 위해 이론적이고 보편적인 전형을 만들었을 뿐이며, 각 교육자들은 특수한 교육적 상황에 따라 이를 제 나름대로 적용하라"[4]라고 충고한다. 또한『에밀』은 집필 의도가 단순히 교육론에만 있지 않기 때문에, 루소가 이미 다른 저서에서 일관되게 주장한 원리에 대한 철학적 성찰로도 간주된다. 이 원리란 "인간은 본원적으로 선하다"라는 것이다. 그는 말년에 자기의 작품 가운데『에밀』이야말로 "가장 훌륭하고 가장 중요한 저서"[5]라고 말했다. 인간이 본성적으로 선하다는 원칙이『에밀』에 잘 나타나 있고, 인간이 사회생활을 시작하면서 잃어버린 '자연적 선함'을 회복할 수 있는 방법을『에밀』이 제시해주고 있다고 생각했기 때문이다.[6] 하지만 루소의 이런 평가와는 달리 이 책은 정당하게 인정받지 못했다. 루소 스스로 인정하듯이, "『에밀』은 널리 읽히면서도 별로 이해되지 못하고 나쁘게 평가를 받고 있는 책"[7]으로 남고 말았다.

　루소에게 가장 중요한 지식은 인간에 대한 지식이다. 따라서 루소는 "인간을 형성하는 예술"인 교육에 큰 관심을 가졌다. 인간을 교육시키기 위해서는 우선 인간을 제대로 알아야 한다. "루소는 『인간 불평등 기원론』에서부터 인간에 관한 지식을 탐구하기 시작하는데, 여기에서 인류의 역사가 철학적으로 추론되고 있다면, 『에밀』에서는 한 인간이 태어나면서부터의 역사가 그려져 있다. 『인간 불평등 기원론』에서 심도 있게 논의되지 못한 인간에 대한 깊은 이해와 통찰이 『에밀』에서는 행해지고 있는 것이다. (…) 『에밀』이 긴 작품이라는 것은 그만큼 루소가 인간의 본성을 심오하고 풍부하게 다루었다는 것을 의미하며, 한편으로 인간을 완전하게 교육시키기 위해서는 고려해야 할 점이 많다는 것"[8]을 보여준다.

인간의 의무에 대한 학문

루소는 『에밀』에서 아이들에게 가르쳐야 할 학문은 단 하나, "인간의 의무에 대한 학문"(E, 266)이라고 말한다. 그것은 무엇보다 인간다운 인간이 되는 교육을 받아야 한다는 것이다. 그는 기존의 교육이 변호사, 의사 혹은 기술자 등 미래의 직업인 양성에만 목적을 둔 채 직업에 대한 지식과 기술의 전달에만 가치를 둘 뿐 인간다운 인간의 형성에는 실패하고 있다고 비판한다. 루소는 "인간은 교육을 통해 만들어"지며, 인간을 인간답게 기르는 것이 교육의 목적이라고 생각했다. 그러면 도대체 루소가 교육을 통해 기르려고 한 인간은 구체적으로 어떤 인간을 말하는 것인가? 그것은 한마디로 말해서 '자연인(l'homme naturel)'이다.

루소가 이상적으로 생각하는 교육은 자연에 따르는 교육이며 그 교육이 도달해야 할 목표는 '자연인'이다. 그렇다면 루소의 자연주의 교육 사상에서 가장 중요한 개념인 '자연'의 실체는 무엇인가? 『에밀』 제1권에서 루소는 자연을 다음과 같이 정의하고 있다.

"우리는 감각 능력을 가지고 태어났으며, 태어나면서부터 다양한 방식으로 우리 주변의 사물들로부터 영향을 받는다. 말하자면 우리가 우리의 감각을 의식하는 순간부터 우리는 그 감각을 촉발시키는 사물들을 찾아다니거나 피하게 된다. 처음에는 감각이 우리에게 유쾌한지 불쾌한지에 따라서, 그다음에는 자신과 사물들 사이의 관계가 적합한지 부적합한지에 따라서, 마지막으로 이성이 부여하는 행복이나 완전성의 관념에 근거하여 우리가 사물들에 대해 내리는 판단에 따라서 그렇게 한다. 이러한 성향은 우리의 감수성이 더욱 민감해지고 지식이 늘어남에 따라 점점 더 범위가 확장되고 확고해지게 된다. 그렇지만 우리의 습관에 얽매어 있는 이 성향들은 우리의 견해에 의해 다소 변질된다. 이렇게 변질되기 전의 성향들이 내가 우리 안에 있는 자연이라고 부르는 것이다."(E, 248)

여기서 자연은 인간 본연의 본성을 의미한다. 루소는 우리가 가지고 태어난 감각 능력은 주변 사물로부터 다양한 방식으로 영향을 받는데, 그러한 성향은 우리가 더 예민하게 느낄 수 있게 되고 지식이 늘어남에 따라 확대되고 견고해진다고 보았다. 하지만 그 성향은 인간의 편견에 의해서 어느 정도 변질된다. 루소는 그러한 변질 이전의 성향을 인간에게 내재해 있는 '자연'이라고 인식했다.

루소가 말하는 인간 속에 있는 '자연'을 살펴보면 인간은 궁극적으로 행복을 추구하는 성향이 있음을 알 수 있다. 루소에 의하면 행복은 "자연이 우리에게 새겨놓은 최초의 욕망이고, 결코 우리를 떠나지 않는 유일한 욕망"(E, 814)이며, "모든 감각적인 존재의 목적"이다. 하지만 오늘날 행복은 찾아볼 수 없게 되었다. 루소는 외친다. "행복은 어디에 있는가? (…) 누구나 행복을 찾지만 아무도 찾아내지 못한다네. 사람들은 행복을 뒤쫓는 데에 일생을 보내고도 결코 행복에 도달하지 못한 채 죽게 되네."

그렇다면 행복이라는 것은 어떤 것인가? 루소에 의하면 "가장 행복한 사람은 고통을 가장 적게 겪는 사람이며, 가장 불행한 사람은 기쁨을 가장 적게 느끼는 사람이다."(E, 303) 고통의 감정과 기쁨의 관념은 욕망과 떼어놓고 생각할 수 없다. "모든 고통의 감정은 거기서 벗어나려는 욕망과 불가분의 것이다. 또한 모든 기쁨의 관념도 그것을 즐기려는 욕망과 분리될 수 없다. 모든 욕망은 결핍을 전제로 하며, 사람들이 느끼는 결핍은 모두 고통스럽다. 결국 우리의 비참함은 바로 우리가 가진 욕망과 능력의 불균형에 있다. 능력이 욕망에 버금가는 감각적 존재가 있다면 그 존재는 절대적으로 행복한 존재일 것이다."(E, 303~304)

루소는 인간의 욕망과 능력의 불균형으로 불행이 생기기 때문에 욕망과 능력 사이에 균형을 이루어야 행복해질 수 있다고 보았다. 그는 진정한 행복의 길은 "능력에 비해 과도한 욕망을 줄이고 능력과 의지를 완전히 동등하게 만드는

데 있다"(E, 304)라고 하였다. 인간의 불행은 주어진 것에 만족하지 않고 그 이상의 것에 욕심을 내기 때문이다. 자신의 욕망과 힘 사이에 적절한 균형을 취할 수 있다면 인간은 진정으로 자유롭고 행복해질 수 있을 것이다.

"모든 것을 최선의 상태로 만드는 자연은 인간을 처음에는 그렇게 만들었다. 자연은 인간에게 자기 보존에 필요한 욕구와 그 욕구를 충족시킬 만큼의 능력을 직접적으로 주었다. 그 외의 모든 능력은 필요할 경우 발달하도록 인간의 마음 깊숙한 곳에 저장해놓았다. 능력과 욕구의 균형이 이루어져 인간이 불행하지 않은 것은 오로지 그 본원적 상태에서뿐이다. 잠재적인 능력이 활동을 시작하자마자 모든 능력 중에서 가장 활동적인 상상력이 잠을 깨어 다른 능력들을 앞지를 것이다. 선한 일이든 악한 일이든 가능성의 지평을 넓혀, 욕망을 채워줄 수 있으리라는 희망으로 그 욕망을 부추겨 마음에 품게 하는 것은 바로 상상력이다. 하지만 처음에는 손이 닿을 것처럼 보이던 대상은 따라갈 수 없을 정도로 더 빨리 달아난다. 잡았다고 생각하면 그것은 다시 모습을 바꿔 우리 앞쪽 먼 곳에 나타난다. 이미 지나온 곳은 더 이상 다시 보지 않는다. 아무런 가치도 없는 것으로 생각되기 때문이다. 가보아야 할 곳은 끊임없이 많아지고 넓어진다. 그런 식으로 사람들은 목적지에 이르지 못하고 지쳐버리는데,

우리가 즐거움을 획득하면 할수록 만족은 우리에게서 더 멀어진다.

반대로, 인간이 그의 자연의 상태 가까이 머물러 있을수록 그의 욕구와 능력 간의 차이는 더 적은데, 결과적으로 행복에 더 근접해 있는 것이다. 인간은 자기에게 모든 것이 결핍되어 있는 것처럼 보일 때 가장 불행하다. 왜냐하면 불행은 결핍 그 자체에 있는 것이 아니라 그 결핍을 느끼게 하는 욕구에 있기 때문이다.

현실 세계는 한계가 있지만 상상의 세계는 한계가 없다. 전자를 늘릴 수는 없으니 후자를 줄이도록 해야 한다. 왜냐하면 우리를 진정으로 불행하게 만드는 모든 고통은 바로 그 두 세계 사이의 차이로부터 생겨나기 때문이다. 힘과 건강과 자신은 선하다는 신념을 제외하면, 인생의 행복은 모두 사람의 생각 속에 있다. 신체의 고통과 양심의 가책을 제외하면, 인간의 불행은 모두 상상적인 것이다. 사람들은 그런 원칙은 누구나 아는 것이라고 말할 것이다. 하지만 그 원칙을 실천하는 일은 쉽지 않다. 그런데 지금 오로지 문제가 되고 있는 것은 바로 그 실천의 문제이다."(E, 304)

루소는 인간이 행복해지기 위해서는 다음과 같이 해야 한다고 말한다. "오, 인간이여! 당신의 존재를 당신 안으로 좁혀라. 그러면 당신은 더 이상 불행하지 않을 것이다. 자연이 존재들의 사슬 속에 지정해준 당신의 자리에 머물러 있도록 하라. 그 어떤 것도 당신을 거기서 빠져나가게 할 수 없을 것이다. 필연의 엄중한 법칙에 대항하지도 말고, 거기에 저항하느라 힘을 소비하지도 말라. 하늘은 그 힘을 당신의 존재를 확장시키거나 연장하는 데 쓰도록 당신에게 준 것이 아니라, 오로지 하늘이 원하는 대로, 또 하늘이 원하는 범위 내에서 당신의 존재를 보존하는 데 쓰라고 주셨다. 당신의 자유와 능력은 자연이 부여한 힘의 범위 안에서만 신장될 뿐 그 이상은 넘지 못한다."(E. 308)

따라서 우리는 "자신이 할 수 있는 것만을 원하고 자기가 마음에 드는 일만 해야 할 것"이라고 루소는 이야기한다. 바로 그런 사람이 자유로운 사람이고, 행복한 사람이며, 자연 그대로의 사람이다. "자신의 의지에 따라 행동하는 유일한 사람은 그렇게 하기 위해 자신의 힘에 다른 사람의 힘을 보탤 필요가 없는 사람이다. 여기서 모든 행복 가운데 최고의 행복은 권력이 아니라 자유라는 결론이 나온다. 진정으로 자유로운 사람은 자신이 할 수 있는 것만을 하고 자기 마음에 드는 일만 한다. 이것이 나의 기본 준칙이다. 중요한 것은 그것을 어린 시절에 적용하는 것인데, 교육의 모든 규칙은 거기서 비롯될 것이다."(E. 309)

이것이 루소가 추구하는 자연 상태의 인간, 즉 '자연인'이다. "자연인은 그 자신에게 전부다. 그러므로 그는 수의 단위인 1이고 절대적 전체이다." 그는 자연의 일부로서 자연의 법칙에 따라 자기 자신의 자연적 의지에 의해 지배되고, 지도되는 주체적이고 능동적인 삶을 살아가는 자유 인간이다.[9]

루소가 말하는 자연인은 "타락하지 않은 순수한 인간의 본질을 그대로 간직하고 있는 존재로서, 이념적이고 이상적인 인간이다."[10] 물론 그의 자연인은 자연 속에 방치된 상태의 인간은 아니다. "자연이 만드는 인간(homme de la nature)으로 길러내기를 원한다고 해서 그를 미개인으로 만들어 숲속 깊숙이 내던져버려서는 안 된다."(E, 550)

루소는 우리에게 반문한다. 순수한 자연 상태로 돌아가기 위해서 "사회를 파괴하여 내 것과 네 것의 경계를 없애고 숲으로 돌아가 곰들과 함께 살아야 할 것인가?"(『인간 불평등 기원론』) 원시의 자연인으로 돌아간다는 것은 좋은 해결책이 아니다. 루소 자신이 그 사실을 누구보다 더 잘 알았다. "누구와도 관계를 맺지 않고 자급자족하면서 고립된 존재로 살고자 하는 사람이 있다면 그는 비참할 수밖에 없을 것이다." (E, 467) 인류는 이미 너무 멀리 자연에서 벗어나 세속사회의 일부가 되어버렸다. 루소는 "사회적 인간은 분모에 기인하는 분수의 한 단위에 불과하며 그 가치가 전체, 즉 사회 집단

과의 관계 속에 있다."(E, 249)라고 말한다. 사회라는 전체의 일부로 귀속되어버린 그 누구도 문명사회를 등지고 숲 속에서 곰들과 살 수는 없다.

즉 루소가 이야기하는 자연인은 깊숙한 숲 속에 사는 미개인이 아니라 사회 내에서의 '자연인'을 뜻한다. 루소는 자신이 만들어낸 "가상의 제자"인 에밀이 결코 "반문화적, 야만적 인간이 아니라 문화적, 이념적 존재로서의 자유인"[11]이 되기를 원했다. 루소는 이와 같은 교육 목표를 실현하기 위해서 우선적으로 개인의 자유가 보장되기를 원했다. 특히 어린이를 구속하고 있는 모든 인위적인 강제부터 어린이를 해방시켜 의지의 자유를 확보하는 것이 무엇보다 중요하다고 보았다.

인간을 자연에서 멀어지게 하는 교육

루소는 말년의 작품인 『대화(Dialogues)』에서 자신의 사상 체계의 근본 원리를 다시 드러내어 밝히면서 『에밀』에 대해 다음과 같이 말한다. "나는 『인간 불평등 기원론』을 통해 자연은 인간을 행복하고 선하게 만들었으나, 사회는 그를 타락시키고 불행하게 만들었다는 장 자크의 위대한 원칙을 발견

할 수 있었다. 『에밀』은 널리 읽히면서도 별로 이해되지 못하고 나쁘게 평가를 받고 있는 책이지만, 특히 그 책은 다름 아닌 인간의 원초적 선함에 대한 논문이며, 인간 본연의 모습에 맞지 않는 악과 오류가 어떻게 인간의 외부에서 들어와서 그를 슬그머니 변화시키고 있는가를 보여준다."[12]

『에밀』은 "조물주의 손에서 나올 때는 선했던 것이 인간의 손에 들어오면 모두 타락해버린다."(E, 245)라는 유명한 문장으로 시작된다. 따라서 인간의 본래적 선함을 어떻게 회복하고 유지할 것인가가 루소가 추구하는 교육의 목표가 된다. 루소는 "자연은 인간을 행복하고 선하게 만들었으나, 사회는 그를 타락시키고 불행하게 만들었다"[13]라고 주장한다. 먼 옛날 착한 본성을 유지했던 원시인에게는 사실 교육자가 필요 없었다. 자연 그 자체가 가장 훌륭한 교육자였기 때문이다. 그러나 "부패하고 타락한 사회에서 인간은 인간 본성을 망각하고 그 스스로 타락한 사이비 교육자에 의해서 교육받기 시작하였으며, 진정한 교육자의 등장 없이는 타락의 나락에서 벗어날 수 없게 되었다."[14]

루소가 『에밀』을 쓸 당시 프랑스의 교육적 상황은 어떠했을까? 프랑스의 학교 교육을 혹독하게 비판했던 루소는 이미 『학문 예술론(Discours sur les Sciences et les Arts)』에서 당시의 교육적 상황에 대하여 다음과 같이 기록하여 서술하고 있다.

"무모한 교육이 우리의 정신을 장식하여 판단을 그르치게 하고 있는 것은 아주 오래전부터의 일이다. 많은 돈을 들여 젊은이들에게 온갖 것을 가르치지만 그들의 의무에 대해서는 가르치지 않는 큰 교육기관들을 도처에서 본다. 당신의 아이들은 자기 나라 말도 제대로 알지 못할 것이다. 그들은 아무 데서도 사용되지 않는 이상한 말들을 하고 있을 것이다. 그리하여 그들은 자신들도 제대로 이해할 수 없는 시들을 쓸 것이다. 진리와 오류를 분별할 줄 모르고 그럴듯한 주장을 폄으로써 사람들이 진리와 오류를 알아보기 힘들게 만드는 기교를 습득하게 될 것이다. 아량과 공정, 절제, 인간성, 용기 같은 말들이 의미하는 바를 그들은 전혀 알지 못한다."[15]

앙시앵 레짐 말기의 프랑스의 교육은 주로 예수회에 의해 운영되고 있던 콜레주(collège)나 수녀원에서 행해졌다. 물론 대체로 귀족들만 교육의 혜택을 누렸을 뿐 서민들은 교육 기회를 거의 얻지 못했다. 종교적 색채가 강했던 이러한 교육기관에서 아이들은 모질고 혹독한 규율과 훈육에 시달렸으며, 기숙사 생활은 감금이나 마찬가지였다. 그런 교육기관들에서 아이들은 체벌에 대한 공포 속에서 세상의 준칙에 복종하는 인간으로 길러졌다. 당시의 교육기관들은 어른들의 욕구를 반영하거나 양적 팽창에만 집중했을 뿐 정작 교육의 대상인 어린이에게는 소홀했다. 루소는 당연히 그런 곳들을 '우스운 시설'에 불과하다고 몰아붙였다.

루소는 당시의 공공 교육에 비판적이었을 뿐만 아니라 개인 교육이나 가정 교육에 대해서도 회의적 태도를 보였다. "(불행하게도) 대도시에서는 개인 교육이 없어지고 말았다. 대도시에서는 사교계가 너무 보편화되고 뒤얽혀 있어서 머물 만한 은신처라고는 남아 있지 않으며, 자기 집에서도 사람들에 둘러싸여 있을 정도다. 모두가 함께 살다 보니 더 이상 가정은 없어지고 자기 부모도 알아보기 힘들다. 부모를 남처럼 바라본다."(E, 739)

루소는 국가 내에서 가족 혹은 가정은 해체되어가고 있다고 판단했다. 아버지와 어머니들은 일과 사회적 지위 그리고 휴식에만 힘을 쏟아부었을 뿐 아이들에게 시간과 노력을 기울이는 데에는 소홀했다. 귀족들은 자신들의 인생을 향유하기 위해 부모의 의무마저 게을리한 채 유모와 가정교사 그리고 콜레주의 선생들로 자신들의 부재를 메웠다. 루소는 돈으로 고용한 그런 선생은 "선생(maître)이 아니라 하인(valet)일 뿐이다. 그 하인은 곧 당신의 아들을 또 다른 하인으로 길러낼 것이다"(E, 263)라고 말한다. 그리고 아이는 "세상에서 가장 유능한 선생(maître)보다는 평범하지만 분별이 있는 아버지에 의해 더 훌륭하게 교육될 것이다"라고 말한다. "왜냐하면 재능이 열정의 결핍을 보충해주는 것보다 오히려 열정

이 재능의 결핍을 더 잘 보완해줄 것이기 때문이다."(E, 262)

『에밀』에서 루소가 제시한 가장 자연스러운 교사는 아버지이며 아버지는 아이의 최초의 교사가 되어야 한다고 말한다. 아버지가 직접 아이의 교육을 맡을 수 없을 때 다른 사람이 그 일을 대신 맡게 된다면 어떤 사람이 적합할까? 루소는 훌륭한 선생의 자질에 대해 언급하면서 다음과 같이 말한다. "선생(gouverneur)! 오 얼마나 고귀한 영혼인가 …. 사실 한 인간을 만들려면 그 아이의 아버지가 되어야 하거나 아니면 인간 이상의 어떤 존재가 되어야 한다."(E, IV, 263)

하지만 그 같은 훌륭한 사람을 찾기는 거의 불가능하다. 그렇다면 지금까지와는 전적으로 다른 교육 방법과 교육 원칙과 교육 목표를 가지고 근본적으로 새로운 접근을 해야 한다. 루소는 독자에게 모범이 되는 교육의 모델을 제시하기 위해 우선 단 한 명의 학생을 교육하기로 결정한다. 사람들은 루소의 이런 제안이 무리라고 단정한다. 러셀(Bertrand Arthur William Russell)[16]은 그의 교육론에서 루소의 이와 같은 일대일 사제관계는 그것이 아무리 훌륭해도 현대 교육에 적용하기에는 수학적으로 불가능하다고 반박한다. 그러나 여기서 루소가 강조하는 것은 '추상적' 교사상이며, 교사의 지대한 교육적 관심과 정열을 촉구하고 있는 것이다.

루소는 에밀에 대해서도 몇 가지 조건을 제시한다. 우선 에밀에게는 부모가 없어야 한다. 또한 에밀과 선생이 적어도 밥걱정을 하지 않아도 될 만큼 부유하며, 루소가 교육 장소로 선택한 시골에서 전원생활을 할 만큼 경제적인 여유가 있어야 한다. 고아이고 경제적으로 넉넉하기 때문에 오직 교육의 문제에만 집중할 수 있는 것이다. 이러한 조건에서 선생(gouverneur)은 참된 애정과 감성을 바탕으로 자신의 학생을 돌보기 위해 25년이라는 시간을 바친다.

『에밀』의 비판가들은 다음과 같은 당연한 질문을 제기했다. 어떤 가정이 아들을 그렇게 오랫동안 '시골'에 보낼 수 있으며, 어디서 제자의 교육에만 평생을 바치는 교육자를 고용할 수 있는가. 만약 에밀이 훌륭한 인물이 될 비범한 소년으로 묘사되었다면 그런 희생을 감수할 이상주의적인 교육자도 있을 수 있으리라. 그러나 루소의 에밀은 작가에 의하면 "근면하고 절도가 있으며 인내심이 많고 용감하며, 건강한 신체와 민첩한 팔다리와 올바르게 기능하는 이성"(E, 487~488)을 갖고 있다. 그러니까 에밀은 바람직하지만 아주 평범한 소년인 것이다. 비판가들은 이렇게 묻는다. 이런 제자를 위해 25년 동안 전력을 다할 정도로 사심이 없는 교육자가 도대체 어디 있겠는가?

사람들은 『에밀』에서 제시된 교육 조건이나 방법은 유토피아적이라고 말한다. 물론 루소가 제시한 것들을 충족시키기란 불가능하다. 하지만 바로 이 조건들이야말로 교육의 첫 번째 조건들이다. 그것은 개별 교육의 틀 안에서 존재할 수 있고, 거기에서 선생은 부모의 자리, 특성 그리고 의무를 가질 수 있는 것이다.

우정과 자유에 기초한 사제지간

에밀과 그의 선생의 관계는 우정과 자유에 기초하고 있다. 지식의 수탁자이며, 아이보다 우월한 존재인 선생은 에밀에게 '전통 교육'의 슬픔과 따분함을 강요하는 대신 아이와 함께 놀고, 그와 함께 기쁨과 고통을 나눈다. 루소는 우리로 하여금 다음과 같이 선생의 감동을 나누게 한다. 아이가 "다가온다. 그가 다가오면 나는 정말 기쁘다. 나는 그도 기쁘다는 것을 느낄 수 있다. 그는 친구이며 동료인 나에게 다가오고 있는 것이다. 그는 나를 보면서 곧 즐거운 놀이를 하리라는 것을 잘 알고 있다. 우리는 서로에게 전혀 속박되어 있지 않다. 하지만 우리는 언제나 마음이 맞아, 어느 누구와 있을 때보다도 사이가 좋다."(E, 419)

여기에서 엄격함이나 딱딱함이란 없다. 선생과 아이 사이에는 평등의 관계가 수립되어 있기 때문이다. 루소는 권위를 필연적으로 사용하도록 하는 고전적 교육의 조건들을 단호하게 비판한다. 경쟁심과 체벌의 끔직한 순환 속에 사로잡혀 있는 교사 대신에 루소는 아이와 함께 건강한 해결책을 택하라고 권한다.

"나는 여기서, 어리석게도 현자인 척하기 위해 자기가 가르치는 학생들을 깎아내리고 그들을 항상 어린애처럼 취급하려 들고 그들에게 무슨 일을 시키든지 간에 그 일에서 항상 자기가 그들보다 뛰어나고 싶어 하는 교사들의 엉터리 위엄을 지적하지 않을 수 없다. 이런 식으로 그들의 젊은 용기를 꺾어서는 안 되고, 그들의 영혼을 고양시키기 위해 그 무엇도 아껴서는 안 된다. 그들이 여러분과 동등한 사람이 되도록 그들을 여러분과 동등하게 취급하라. 그리고 그들이 아직 여러분의 수준에 오를 수 없으면 부끄러워하지 말고 과감히 그들의 수준으로 내려가라. 여러분의 명예는 이미 여러분에게 있는 것이 아니라 여러분의 학생에게 있음을 명심하라. 그의 잘못을 바로잡기 위해서 그것을 나누어 가지라. 그의 부끄러움을 씻어주기 위해서 여러분이 그것을 짊어지라." (E, 538)

교육자는 스스로의 행동과 모범을 통해, 심지어는 약간의 계략을 씀으로써 제자를 올바른 길로 인도해야 한다. 그러나 명령을 통해서 그래서는 안 된다. "의무와 복종이니 하는 것들에 대해 그와 얘기해보라. 그는 당신이 무엇을 말하려고 하는지 모른다. 그에게 무언가를 명령해보라. 그러면 그는 당신을 이해하지 못할 것이다. 그러나 내 부탁을 들어주면 기회가 닿을 때 나도 네 부탁을 들어주겠다고 말해보라. 그는 곧장 그렇게 하려고 서두를 것이다."(E, IV, 421)

루소가 때때로 속임수를 쓰기를 권하는데 그것은 어머니들이 자주 쓰는 방법을 연상시킨다. 즉 아이의 주의를 다른 것으로 돌리면서 그의 의지와 정면충돌하지 않고 유일한 힘에 호소하는 것을 피하는 방법들 말이다. 그것이 분명히 속임수인 것은 사실이지만 그렇다고 그것을 목적을 위해 수단과 방법을 가리지 않는 권모술수라고 하는 것은 우스꽝스런 일이다. 그것은 오히려 아이들을 현명하게 대하는 행동이라고 말하는 것이 훨씬 합당하다.

루소는 권위를 필연적으로 사용하도록 하는 고전적 교육의 방법들을 단호하게 비판한다. 그는 아이의 나약함과 성인이 가지고 있는 엄청난 권력을 확인하면서 다음과 같이 말한다. "아무것도 모르고 아무것도 할 수 없으며 아무것도 인식하지 못하는 그 가엾은 아이가 여러분 뜻대로 되지 않는가? 아이와 관련해서는 그를 둘러싸고 있는 모든 것을 여러분 마음대로 할 수 있지 않은가? 여러분 마음에 들도록 얼마든지 아이에게 영향을 미칠 수 있지 않은가? 아이의 일, 놀이, 즐거움, 고통, 이 모든 것이 아이는 알아차리지도 못한 채 여러분의 손아귀에 있지 않은가?"(E, 362~363)

선생은 자신의 절대적 권력을 받아들이게 하기 위해서 지식과 힘을 사용해서는 안 된다. 아이를 근심과 고통으로부터 해방시키기 위해 지식과 힘을 사용해야 한다. 어린 에밀은 콜레주를 알지 못하며, 책이나 기억해야 할 수업도 알지 못한다. 체벌이라는 것은 더더욱 알지 못한다.

루소는 명령과 금지, 상과 벌, 의무와 순종 같은 개념을 교육에서 물리쳐 제외하고 있다.

"자연은 어린아이들이 사랑과 도움을 받게 해두었지, 복종과 두려움의 대상이 되도록 해둔 것은 아니다. 남들이 두려워하도록 자연이 그들에게 위압적인 태도와 엄격한 눈, 거칠고 위협적인 목소리를 주었는가? 사자의 으르렁거리는 소리와 무시무시한 갈기가 다른 동물들을 공포에 떨게 한다는 사실을 나도 알고 있다. 하지만 무례하고 불쾌감을 줄 정도로 우스꽝스러운 장면이 있다면, 그것을 우두머리를 선두로 예복을 차려입고 배내옷을 입은 어린아이 앞에 엎드린 고관대작들이다. 그들은 아이에게 장중한 말로 연설을 하고, 그 아이는 대답이라고 하는 것이 고작 울고 침을 흘리는 것이다. (…) 오만한 어린아이만큼 비웃음을 살 만한 대상이 없다면, 겁에 질린 아이만큼 동정을 살 만한 대상도 없다. (…) 그러므로 복종한다는 말과 명령한다는 말은 아이들이 쓰는 어휘에서 추방될 것이다. 의무나 책임 같은 말들은 더더욱 그렇다."(E, 315)

루소는 교육에서 체벌과 훈계를 엄격하게 금한다. 어른의 논리로 나무라보아야 아이는 그 꾸지람의 의미를 알지 못한다. 선생의 역할은 가르침에 있는 게 아니라, 아이가 스스로 자기 행동의 의미를 파악하고 판단력을 형성해가도록 도와주는 데 있다.

루소는 교육자에게 아이들의 사전에서 순종과 의무와 책임과 같은 단어를 추방하고, 어설픈 이론을 제시하거나 지시하는 일을 그만두라고 경고한다. "젊은 선생이여, 나는 그대에게 한 가지 어려운 기술을 간곡히 권고한다. 그것은 훈계하지 않고 지도하는 일이며, 아무것도 하지 않고 모든 것을 다 하는 일이다."(E, 362) 그리고 제자를 위해 다음과 같이 요구한다. "그를 자유롭게 혼자 내버려 두라. 아무 말도 하지 말고 그가 무엇을 하는지 그냥 바라보라. 그리고 그가 무슨 일을 하고 어떻게 처신하는지를 관찰하라."(E, 422)

아이는 아이로 다루어야 한다

로크(John Locke)는 어린이를 다른 사람의 이성에 순종하게 함으로써 어린이가 자기 자신의 이성을 따를 수 있도록 해야 한다고 하였다.[17] 그러나 루소는 어린 아이의 능력과 관계없이 아이를 이성으로 다루려는 자체가 어리석은 일이라고 생각한다. 탄생에서 사춘기에 이르기까지 아직 미숙한 마음을 임의적으로 형성하려는 일처럼 위험한 것은 없기 때문이다. 또 아이를 합리적 담론의 강제 논리에 끼워넣으려는 것도 아주 위험한 일이라고 생각한다.

"아이들과 함께 이치를 따지는 것이 로크의 중요한 준칙이었는데, 이 준칙은 오늘날 널리 유행하고 있다. 그렇지만 내가 보기에 이렇게 성공했다고 해도 그 준칙을 신뢰할 만한 것으로 여기는 것은 그다지 적합하지 않은 듯하다. 나는 어른들이 그토록 이치를 따지며 가르쳤던 아이들보다 더 어리석은 사람을 보지 못했다. 인간이 지닌 온갖 능력들 가운데 이성은, 다시 말해 다른 모든 능력을 혼합한 것에 불과한 이성은 가장 힘들게 또 가장 늦게 발달하는 능력이다. 그런데 다른 능력들을 발달시키기 위해 이성을 사용하려 들다니! 훌륭한 교육의 걸작이 바로 이성적인 인간을 만들어내는 것인데, 사람들은 이성으로써 어린아이를 교육시키려 한

다! 이는 끝에서부터 시작하는 셈이고 결과물을 도구로 삼으려는 것이다."(E, 317)

루소는 "선과 악을 아는 것, 인간의 의무를 왜 지켜야 하는지를 아는 것 등은 아이의 능력 밖의 일이다"(E, 319)라고 하면서 어린이는 그들 고유의 가치가 있고 그 가치로 활동함에 따라 어린이로서의 삶이 완성된다고 주장한다. 따라서 먼저 아이에 대해 알아야 하는데, 루소는 이것이 가장 중요한 일이라고 강조한다.

고대 그리스의 영향을 받은 전통 교육은 전적으로 성인 남성의 양성에 주력하였다.[18] 어린이는 어른 세계의 일부로 간주되었고, 그 자체로 인정받지 못했으며, 성인의 축소판으로 여겨졌을 뿐이다. 루소는 어린이를 그 본래의 모습으로 보지 않고 미완성의 어른으로 보는 당시의 사람들에 대해 "사람들은 어린이에 대해 전혀 알지 못한다. (…) 가장 현명하다는 사람들도 어른이 긴히 배워야 할 것이 무엇인가에만 집착할 뿐, 어린아이가 무엇을 배울 수 있는가에 대해서는 고려하지 않는다. 그들은 어른이 되기 전의 어린아이가 어떤 존재인지 생각해보지도 않고 어린아이에게서 늘 어른을 찾는다"(E, 241~242)라고 비판한다. 그리고 무엇보다 "당신의 학생을 잘 연구하는 것"부터 시작하라고 말한다.

루소는 어린이에 대한 새로운 인식을 촉구한다. 어린이는 더 이상 성인이 될 운명 뒤에 모습을 감춰야 하는 존재가 아니며 자신만의 관점과 사고 그리고 감성을 가지고 있는 특별한 존재다. "루소는 어린이 영혼의 완전성을 보존하려 한다. 다시 말해 자연의 법칙을 존중하려고 노력한다."[19] "인간은 만물의 질서 속에 제자리를 잡고 있다. 마찬가지로 어린 시절도 인생의 질서 속에 제자리가 있다. 어른은 어른으로, 어린아이는 어린아이로 바라보아야 한다. (…) 자연은 어린아이가 어른이 될 때까지는 어린아이로 있기를 원한다. 만약 우리가 이 순서를 뒤바꾸려 한다면 우리는 익지 않아 맛없는, 이내 썩어버릴 설익은 과일을 산출하게 될 것이다. 우리는 어린 박사나 늙은 아이를 갖게 될 것이다. 아이는 자기 나름대로 보고 생각하고 느끼는 방식을 갖고 있다. 그것을 우리의 견해와 사고와 감정으로 대체하려는 것보다 어리석은 일은 없다."(E, 303, 319)

『신 엘로이즈』에서 루소는 주인공 쥘리를 통해 어린 시절은 그 나름의 특성과 느낌을 갖고 있다는 사실을 다시 한 번 강조한다. "큰아이를 처음으로 팔에 안았을 때, 나는 지극히 긴 수명에서 유년 시절이 거의 4분의 1에 해당한다는 걸, 나머지 4분의 3까지 살아남는다는 것은 드물다는 걸 그리고 어쩌면 오지 않을지 모를 훗날의 행복을 보장하기 위해 이 최초의 시기를 불행하게 만드는 것은 참으로 잔인한 조심성이라는 걸 생각했답니다. 유약한 유년기에 자연이 참으로 여러 방법으로 아이들을 속박한다는 걸, 그러니 그다지 남용할 여지도 없는 제한된 자유마저 빼앗아 자연의 속박에다 우리의 변덕으로 인한 지배를 덧붙이는 것은 무지막지한 일이라는 걸 생각한 거예요. 나는 될 수 있는 한 내 아이를 어떤 속박에서도 자유롭게 해주고, 보잘것없는 힘을 충분히 사용하도록 하며, 그 애에게서 생기는 자연의 어떤 움직임도 방해하지 않을 결심을 했어요."[20]

루소의 '어린이 발견'은 무엇보다 18세기 유럽에서 아동이 처한 냉혹한 현실에 근거하고 있다. 우선 18세기에는 영아 사망률이 매우 높았다.[21] 당시 "태어난 아이들 중 기껏해야 절반 정도가 청년기에 이른다"(E, 301)라고 루소는 적고 있다. 실제로 18세기에는 태어난 아이 중 43퍼센트만이 세 살까지 생존했다. 또한 파리 사람의 평균 수명은 23.5년이었다. 1758년의 파리 고아원에는 5,012명의 유아가 수용되었으나, 수용 직후에 1,479명이 사망하고, 유모에게 맡겨진 후 다시 2,270명이 사망, 불과 수개월 사이에 합계 74퍼센트라는 사망률을 보였다.

18세기에 태어난 아이 중 절반 가까이가 성인이 되기 전에 죽었고, 그들이 산 너무나 짧은 생애 전체가 쓸데없는 구속과 매질로 망가졌다.[22] "설령 이러한 교육이 목표에서는 합리적일 수 있다고 가정하더라도, 견딜 수 없는 멍에를 쓰고 노예들처럼 계속해서 일을 하도록 선고받은 이 가련하고 불행한 아이들을 어떻게 분노 없이 바라볼 수 있겠는가? 그토록 많은 노력이 언젠가 그들에게 유용하리라는 확신도 없이 말이다. 그래서 우리는 아이들이 즐겁게 보내야 할 시기를 눈물과 벌과 위협과 속박 속에서 보내게 만든다. 우리 스스로 그 불행한 아이를 그를 위한다는 명목으로 괴롭힌다. 그리고 그들이 초래하는 죽음을, 이 우울한 준비 기간에 그에게 엄습해올 죽음을 보지 못한다. 얼마나 많은 아이들이 아버지나 교사의 지혜의 희생물이 되어 죽어가고 있는지 아는가?"(E, 301~302)

루소는 이러한 현실 인식을 바탕으로 아이의 미래를 위해 현재의 고통과 불행을 감수해야 한다고 생각하는 사람들에게 어린 시절은 다시 돌아오지 않으며 미래의 불확실한 행복을 위해 그 시절이 희생되어서는 안 된다고 말한다. "이 지상에서 우리의 삶은 얼마나 빠르게 지나가는가! 인생에서 처음 4분의 1은 어떻게 인생을 활용해야 하는지 채 알기도 전에 흘러갔고, 그 후 마지막 4분의 1 역시 인생의 즐거움을 더 이상 누리지 못하는 상태에서 지나가버린다. 처음에는 어떻게 살아야 할지 방법을 전혀 모르고, 얼마 되지 않아서 이젠 살아갈 능력을 상실하는 것이다. 그리고 이 쓸모없는 최초 시기와 최후 시기 사이에 끼인 기간에도, 우리에게 남아 있는 시간의 4분의 3은 수면, 노동, 고통, 억압 등 온갖 종류의 괴로움으로 소진된다. 인생은 짧은데, 그 이유는 우리가 불과 얼마 되지 않는 시간밖에 못 살기 때문이라기보다 그 얼마 되지 않은 시간 중에서도 인생을 향유할 시간을 거의 갖지 못하기 때문이다."(E, 489)

또 교육자와 부모들에게 다음과 같이 촉구한다. "사람들이여, 인간답게 되어라. 그것이 여러분의 첫 번째 의무다. 신분이나 나이를 불문하고 모든 사람에 대해, 인간과 무관하지 않은 모든 것에서 인간다워지도록 하라. (…) 어린 시절을 사랑하라. 또한 어린 시절의 놀이와 즐거움과 사랑스러운 본능을 마음껏 누리게 하라. 여러분 가운데 언제나 입가에 웃음이 맴돌고 늘 마음이 평화로운 이 시기를 때때로 그리워해보지 않은 사람이 있는가? 왜 여러분은 곧 지나가버릴 그토록 짧은 그 시기의 즐거움을, 남용할 수도 없는 그토록 소중한 행복을 이 순진한 어린아이들에게서 빼앗으려 드는가? 여러분에게도 다시 돌아올 수 없듯이 그들에게도 되돌아오지 않을 그토록 빨리 지나가버리는 어린 시절을 왜 고통과 쓰라림으로 채우려 하는가? 아버지들이여, 그대들은 죽음이 언제 그대의 아이들에게 닥칠지 그 순간을 알고 있는가? 자연이 그들에게 부여한 짧은 순간을 빼앗음으로써 후회를 만들지 말라. 그들이 존재의 즐거움을 느낄 수 있게 되면 곧 그것을 즐기도록 하라. 또한 신이 언제 그들을 부르든 그들이 삶을 맛보지도 못한 채 죽는 일은 없도록 하라."(E, 302)

그러니 이제 아이에게 아이의 시기를 돌려주어야 한다. 또한 아이의 성장에 따라 각 시기에 적합한 교육을 실시해야 한다. 아이에게는 자연이 허락한 발달의 순서가 있다. 그리고 발달의 각 단계에는 그에 적합한 발달 목표와 방법이 있는 법이다. 아이에게 마치 어른처럼 사고하고 어른처럼 행동하도록 요구하면, 결국 아이 내부에 잠재되어 있는 인간의 선한 본성이 자연스럽게 발달하지 못하고 왜곡될 수밖에 없다.

『에밀』제2권에서 루소는 모든 교육 중에서 가장 훌륭하고 가장 중요하며 가장 유용한 규칙을 제시하고 있다. 그것은 "시간을 절약하라는 것이 아니라 시간을 소비하라는 것"(E, 323)이다. 이것은 무엇을 의미할까? 아이가 호기심을 키우고 시행착오와 체험을 통해 스스로 깨달음을 얻을 수 있도록 기다리라는 뜻이다. 루소는 요컨대 아이의 신체는 아이의 시기에 충분히 활동시켜 튼튼하게 만들 필요가 있으나 정신은 활동시키지 말고 놀릴 필요가 있다고 말하고 있다. 따라서 우리는 아이를 자유롭게 하고 방임해두어야 한다. 자유롭게 방임해둔 시간을 쓸모없는 시간이라고 생각해서는 안 된다. 이에 관해서 루소는 다음과 같이 말하고 있다.

"아무것도 잃지 않으려다가 많은 것을 잃게 되는 구두쇠처럼 행동하지 말라. 최초의 시기에 시간을 희생하면 더 나이가 들었을 때 잃은 것 이상으로 그 시간을 되찾을 것이다."(E, 326) 이리하여 어린 시기에는 자유롭고 구김살 없이 무럭무럭 자라며 그 시대를 즐기게 하는 것이 좋다고 루소는 이야기한다.

또한 "아이들 속에서 어린 시절이 무르익게 내버려 두라"라고 루소는 요구한다. 이 말은 작은 어른으로서가 아니라 그 자체로 고유한 인격이요, 완전한 존재로서의 어린이를 발견한 것임과 동시에 자연에 따라 "인간을 교육시키는 기술(art de former des hommes)"(E, 241)로서의 교육을 발견한 것이다. 루소의 교육 개념에는 "미래의 삶을 위한 준비로서의 교육이나 보다 중요한 지식과 기능을 획득하기 위한 조기 교육으로서의 교육이 없다."[23] 아이에게는 자연이 정해준 성장의 순서가 있다. 인간 발달의 각 단계에 적합한 목표와 방법에 따르는 일, 바로 그것이 아이를 아이로 다루는 일이며 자연을 따르는 일이기도 하다.

자연으로 하여금 인간을 교육시키게 하라

루소는 『에밀』에서 "자연을 관찰하라. 그리고 자연이 (여러분에게) 제시해주는 길을 따르라"(E. 259)라고 했다. 자연을 거슬러서 새로운 무엇을 강제로 주입하는 것이 아니라 자연의 뜻을 그대로 따르도록 하는 것이 좋은 교육이라는 것이다. 이는 인위적인 것들을 배격하고 인간 발달의 자연적인 법칙에 따라서 교육한다는 것을 의미한다. 이런 의미에서 루소는 자신의 교육 방법을 '자연적 교육'이라고 불렀다.

루소의 말대로, 아이는 선하게 태어난다. 그러므로 아이의 그 천성적인 선함을 유지하는 일이 중요하다. 교육은 당연히 그 본성 또는 심성을 망가뜨리지 않는 방향으로 이루어져야 한다. 아이를 교육한다는 것은 그의 성장 리듬에 주의를 기울이는 것을 전제로 해야 한다. "인생의 각 시기, 각각의 상태에는 저마다 그에 합당한 나름대로의 완성, 그것에 고유한 나름대로의 성숙이 있다."(E. 418)

루소는 아동의 자연성을 온전하게 발달시키기 위해서 세 종류의 교육 원천을 제시한다. 루소에 따르면 교육은 자연, 인간, 사물에서부터 비롯된다.

"식물은 심어지고 가꾸어져 경작되고 인간은 교육으로 만들어진다. 설사 인간이 태어나면서부터 크고 힘이 강하더라도 그가 그것을 이용하는 법을 배울 때까지는 큰 키와 강한 힘이 그에게 아무런 쓸모가 없을 것이다. 남들이 그 때문에 그를 도울 생각을 하지 않을 것이므로, 그것들은 오히려 그에게 해가 될 것이다. 그리고 아무도 돌보지 않는 상태에 놓여 자기의 욕구가 무엇인지 알기도 전에 비참하게 죽어갈 것이다. 사람들은 유아기의 상태를 한탄하는데, 이는 인간이 먼저 어린아이에서부터 출발하지 않았더라면 인류가 멸망했으리라는 사실을 알지 못하기 때문이다.

우리는 연약하게 태어나므로 힘이 필요하다. 우리는 빈손으로 태어나므로 도움이 필요하다. 또한 우리는 어리석게 태어나므로 판단력이 필요하다. 태어날 때 갖지 못했지만 어른이 되어 필요한 모든 것을 우리는 교육에서 얻는다.

이 교육은 자연이나 인간 또는 사물에서 우리에게 온다. 우리의 능력과 기관의 내적 발달은 자연의 교육이다. 이러한 발달을 우리가 어떻게 이용할지를 가르쳐주는 것이 인간의 교육이다. 그리고 우리에게 작용하는 사물들에 대해 우리 자신의 체험을 통해 얻는 것이 사물의 교육이다."(E. 246~247)

식물이 재배를 통해 길러지듯이 인간은 교육을 통해 완성된다. 그리고 그 교육은 자연, 인간, 사물로부터 이루어진다. 이 세 가지가 적절히 조화를 이루어야 바람직한 인간이 형성된다고 루소는 말한다. 그러나 곧이어 이런 종합적인 교육의 실현이 정말 어렵다고 지적한다. "그런데 서로 다른 이 세 가지 교육 중에서 자연의 교육은 우리의 소관이 아니다. 사물의 교육도 어떤 측면에서만 우리가 관여할 수 있다. 인간의 교육만이 우리가 진정 우리 뜻대로 할 수 있는 유일한 교육이다."(E, 247)

세 가지 교육의 '일치'를 위해서는 인간의 교육을 자연의 교육에 접근시키는 것 외에 다른 방법이 없다. 그것은 인간의 손으로 가능하기 때문이며 인간을 변하게 할 수 있는 기술의 하나이다. 그러나 "한 어린이 주위의 모든 사람의 말이나 행동을 완전히 바꾸는" 것은 불가능에 가깝다. 그렇기 때문에 교육을 "하나의 기술이라고 볼 때 그것의 성공은 거의 불가능하다"(E, 247)라고 할 정도로 곤란한 기술이라고 말하지 않을 수 없다. "따라서 교육을 하나의 기술이라고 하면, 교육이 성공하는 것은 거의 불가능하다. 왜냐하면 아무도 교육이 성공하는 데에 필요한 세 가지 교육의 일치를 실현할 수 없기 때문이다. 노력해서 할 수 있는 일이란 고작 어느 정도 목표에 가까이 다가가는 것일 뿐, 목표에 이르기 위해서는 운이 따라야만 한다."(E, 247)

교육을 하나의 기술이라고 볼 때 성공이 거의 불가능하다고 할 수밖에 없는 이유는 세 가지 교육을 인간이 모두 통제할 수 없다는 데 있다. 교육의 목적은 자연이 원하는 바를 이

루는 것이고, 자연이 원하는 바를 인간이 완전히 통제할 수 없는 한, 교육의 목적은 가능한 한 자연의 목적에 가까이 접근하는 것에 그칠 수밖에 없다. 교육의 성공을 위해서는 어느 정도 '행운'이 필요한 것이다. 여기서 루소는 '소극적' 방법을 최선의 방법으로 제시하게 된다. 이것은 매우 점진적이고 완만한 자연의 과정에 따라 서서히 이루어지는 교육을 말한다.

초기의 교육은 전적으로 소극적이어야 한다

루소가 보기에 아이들은 어른들보다 순수하며 '자연적 선함'을 더 잘 지킬 수 있다. 그렇기 때문에 인위적 혹은 강제적으로 아이를 어른으로 만드는 것은 가장 나쁜 교육이라고 할 수 있다. 루소는 적극적으로 아이들을 바꾸려는 교육에 반대하며 '소극적 교육(éducation négative)'을 대안으로 내놓았다. 이 교육 방법의 핵심은 어른의 잘못된 영향과 간섭에서 아이들을 보호하는 것이다. 자연의 순조로운 발달을 위해 그 발달을 방해하는 것들을 멀리하도록 하는 것이다.

루소는 『에밀』에서 '소극적 교육'을 자신의 가장 중요한 교육 원칙으로 제시했다. 하지만 이 원칙은 또한 『에밀』의 내용 가운데 가장 잘못 이해된 부분이기도 하다. 왜냐하면 사람들은 그것을 아무것도 하지 않는 것과 똑같은 것으로 간주하면서 이 방법을 추상적이며 실행 불가능한 것이라고 말했다. 여기서 잠시 루소가 소극적 교육을 어떻게 정의하고 있는지를 검토해보자.

루소는 태어나면서부터 12세에 이르기까지의 시기를 교육에서 가장 위험한 시기로 보고 있다. 만일 이 시기에 '인간본성'이 스스로 밖으로 나타나도록 하지 않는다면 그 이후의 교육은 아무 소용이 없게 된다는 것이다. 소극적 교육은 바로 이 시기에 이루어져야 하는 교육이다. "최초의 교육은 순전히 소극적이어야 한다. 그것은 미덕이나 진리를 가르치는 것이 아니라 악덕으로부터 마음을, 그리고 오류로부터 정신을 보호하는 것이다. 만약 당신이 아무것도 하지 않을 수 있고 또 아무것도 하지 않게 내버려둘 수 있다면, 또 오른손과 왼손을 구별할 줄 모른 채 12세가 되도록 당신의 제자를 건강하고 튼튼하게 인도할 수 있다면, 당신의 최초의 가르침이 시작되자마자 그의 이해력의 눈은 이성을 향해 열릴 것이다. 편견도 습관도 없는 그는 당신이 들인 정성이 빚어낸 효과를 방해할 만한 것은 아무것도 지니지 않을 것이다. 오래지 않아 그는 당신의 도움으로 가장 현명한 인간이 되어가리라. 그리고 당신은 아무것도 하지 않는 것으로 시작하여 교육의

기적을 일구게 될 것이다."(E, 323~324)

　루소가 주장하는 소극적 교육은 어린아이는 천성적으로 선하다는 생각에 기초하고 있다. 따라서 이 교육의 핵심은 아이가 자연스럽게 지식을 습득하고 선함을 유지할 수 있도록 아이를 어른들의 잘못된 영향과 간섭으로부터 격리하는 데 있다. 미덕이나 진리를 가르치기보다는 마음과 정신을 "오류(erreur)와 악덕(vice)"으로부터 보호하는 데 역점을 두어야 한다는 뜻이다.

　그러므로 교육자는 모든 인위적이고 관습적인 개입을 중지하고, 그 대신 '자연적 진행(selon le progrès naturel)'에 따라 힘을 써 도와주려고 해야 한다. 가르치려 들지 말고 지켜주어야 한다. "자연을 대신해서 행동하려 하기 전에 자연이 하는 대로 오랫동안 그냥 내버려두라."(E, 343~344)

　"여러분은 시간의 가치를 잘 알고 있으므로 시간을 낭비하고 싶지 않다고 말할 것이다. 여러분은 시간을 잘못 쓰는 것이 그 시간을 갖고 아무것도 하지 않는 것보다 훨씬 더 시간을 허비하는 일임을 모르고 있다. 또한 교육을 잘못 받은 아이가 전혀 교육을 받지 못한 아이보다 더 현명하지 못하다는 사실도 알지 못한다. 여러분은 아이가 아무 일도 하지 않고 어린 시절 몇 년을 보내는 것을 보고 불안해한다. 뭐라고! 행복하게 지내는 것이 아무것도 아니란 말인가? 온종일 뛰어놀고 달리고 하는 것이 아무 가치도 없다는 말인가? 그의 일생 동안 그때만큼 바쁠 때도 없을 것이다. 플라톤은 사람들이 그토록 위엄 있는 작품으로 엄격하다고 여기는 그의 『국가론』에서 아이들을 축제나 놀이, 노래, 오락 속에서만 키운다. 그는 마치 아이들에게 즐기는 법을 잘 가르쳐놓았을 때 그의 할 일을 다 한 것처럼 보인다. 또 세네카는 고대 로마의 젊은이들에 대해 언급하면서 그들은 언제나 서 있었고, 사람들은 앉아서 배워야 할 것은 어떤 것도 그들에게 가르쳐주지 않았다고 말한다. 그 때문에 성인이 된 그들이 쓸모가 적었던가? 그러므로 이러한 한가로움에 그다지 겁낼 것이 없다. 일생을 유익하게 활용하기 위해 잠을 자지 않으려는 사람이 있다면 여러분은 뭐라고 할 것인가? "그 사람 미쳤어"라고 말할 것이다. 그는 시간을 즐기지 못하고 자신에게서 시간을 빼앗고 있다. 잠을 피하기 위해 그는 죽음으로 치닫고 있다."(E, 343~344)

루소는 『보몽에게 보내는 편지(Lettre à Christophe de Beaumont)』에서 당시의 적극적 교육이 너무 이른 시기에 어린아이의 마음속에 어른의 속성을 심어주어 아이를 괴롭고 귀찮게 한다고 썼다. 그는 소극적 교육과 적극적 교육을 대비시키면서 각각을 다음과 같이 정의하고 있다. "충분한 연령이 되기도 전에 정신을 형성하기 위해서 어린이에게 인간의 의무에 관한 지식을 부여하려고 하는 교육을 가리켜 나는 적극적 교육이라고 부른다. 이에 비해 직접 지식을 가르치기 전에 지식의 도구인 모든 기관을 완전하게 하고 적당한 감각의 훈련으로 이성으로의 길을 준비하는 교육을 가리켜 나는 소극적 교육이라고 부른다."[24]

여기서 루소는 오해의 여지가 없이 분명하게 밝히고 있다. 소극적 교육은 아무것도 하지 않는 방임의 교육이 아니다. 그것은 다만 미덕을 직접적으로 부여하려고 하지 않을 뿐이다. 소극적 교육은 오류나 악덕을 대비하는 데에는 적극적이다. 이것은 몽테뉴의 말처럼 "아이의 정신을 굳세게 하기 위해 그의 근육을 단단하게 해주는 것"(E, 365)에는 적극적이다.

루소는 소극적 교육을 "무작위의 방법(méthode inactive)"(E, 359)이라고도 불렀는데, 그것은 아이에게 아주 어릴 때부터 "두뇌에 왕의 이름, 연대, 문장학과 지구학, 지리학에 관한 어휘들, 그의 나이에 아무런 의미도 없으며 그의 인생에 아무런 쓸모도 없을"(E, 351) 것들을 주입시키는 전통적 교육 방법을, 당대의 교육을 비판한 것이다. 이런 것을 교육해야 한다는 교사의 강박관념에 대해 루소는 놀면서, 산책하면서 혹은 자연의 사물들을 살피면서 아이가 기분 좋게 획득하는 '즐거운 지식(gai savoir)'을 대비시킨다.

독서는 아이에게 재앙이다

루소는 『에밀』에서 "독서는 아이에게 재앙"(E, 357)이라고 주장했다. 그것은 지식은 무엇보다 책 속에 있다고 생각한 많은 사람들을 분노하게 했다. 루소가 여기서 말하고자한 것은 특히 독서가 야기할 수 있는 신체적 결과에 대한 것이다. 왜냐하면 아이가 장난치며 뛰어놀아야 할 나이에 책을 읽으면서 움직이지 않고 가만히 있기 때문이다.

루소는 자신의 교육 원칙에 따라 길러진 아이, "마음을 좀먹는 근심도, 앞날에 대한 길고 괴로운 예견도 없이 전적으로 자신의 현 존재에 몰두한 채, 자기 밖으로 넘쳐 나가고 싶어 하는 듯한, 충만한 생명력을 즐기는"(E, 419) 아이와 "근엄하고 불만에 찬 어른"에 의해 책으로 둘러싸인 방의 책상으로 강제로 끌려가는 아이를 비교하면서 다음과 같이 말한다. "책이라! 그의 나이에 이 무슨 침울한 가구인가! 가련한 아이는 끌려가며 자기 주위에 있는 모든 것을 아쉬운 눈길로 돌아보고는 입을 다물고, 눈에는 감히 흘리지도 못하는 눈물을 머금은 채, 가슴에는 감히 내뱉지도 못하는 한숨을 가득 품은 채 떠나간다."(E, 419)

루소가 "책을 싫어하는" 또 다른 이유는 "책이 자신이 알지 못하는 것에 대해 말하는 법"(E, 454)을 가르쳐주기 때문이다. 실제 사물에 대한 이해도 없는 아이에게 상상을 통해 그에 대한 관념이나 열정만을 갖게 만들고, 이야기 속의 인물과 자기 자신을 동일시한 나머지 현실의 세계를 무시하게 하거나, 인간의 편견과 왜곡된 인식을 심어줄 수 있기 때문이다.

루소가 말하고자 하는 바를 요약하면 다음과 같다. 그것은 어린아이를 가능한 한 최소한도로 말과 책을 통하여 그리고 가능한 한 최대한도로 어린이 자신의 고유한 관찰과 활동을 통하여 교육하여야 한다는 것이다. 루소는 책을 가지고 말로 어린이를 가르치는 학교 교육을 조롱하면서 정말로 간단한 하나의 조언을 던지고 있다. 그것은 아이의 '호기심'을 일깨우라는 것이다.

소극적 교육은 아이로 하여금 자연의 현상에 주의를 기울이도록 하며, 자신이 제기한 문제에 대해 스스로 답을 찾도록 한다. 어떤 경우에도 선생의 권위가 아이의 이성을 대체해서는 안 된다. 아이를 말 잘 듣는 아이로 만들고자 한다면 결코 아이를 합리적이거나 자신의 주인이 되도록 할 수 없을 것이다. "(우선) 아이가 배워야 할 것을 그에게 제시하는 일이 대개 여러분 몫이 아니라는 점을 염두에 두라. 그것을 원하고 구하고 발견하는 것은 아이가 해야 할 일이다. 그리고 여러분이 할 일은 그것을 아이의 힘이 미치는 곳에 두어

교묘하게 그 욕구가 생겨나게 하고, 그것을 만족시키는 수단을 제공하는 것이다."(E, 447)

직접적으로 지식을 깨닫거나 익히게 하는 것은 제자로 하여금 스스로 창조하는 것을 방해한다. 다 만들어진 지식을 제공하거나 "다른 사람의 지식을 배우게 하지 말고 아이 스스로 지식을 만들어내도록 하라." 그렇게 하기 위해서, 선생은 대답의 기술보다는 질문의 기술을 가지고 있어야 한다. "그의 호기심을 키워주기 위해서라면 결코 서둘러 호기심을 충족시켜서는 안 된다. 아이의 이해력이 미치는 범위 내에서 문제들을 제시하고, 그가 그 문제들을 풀게 내버려 두라. 무엇이든, 여러분이 그에게 말해주었기 때문이 아니라 그가 스스로 그것을 이해했기 때문에 알게 해주라. 지식을 배우는 것이 아니라 창안해내게 만들라. 언젠가 여러분이 아이의 머릿속에서 이성을 권위로 대체하게 되면, 그는 더 이상 추론하지 않을 것이다. 그리하여 다른 사람들의 평판의 노리개에 불과해질 것이다."(E, 430)

루소는 『에밀』에서 우리가 자연 상태를 잃어버린 까닭은 '인위적인 교육'에 의해 아이들이 선한 본성을 잃어버렸기 때문이라고 했다. 그래서 '인위적'으로 주입하는 교육이 아니라 어린이 스스로 알고 싶은 욕구가 생길 수 있게 자극하는 것이 참 교육이라고 역설(力說)했다. 그는 기존의 교육이 자연스럽게 태어난 어린이의 소질을 도리어 부자연스럽고 억압적인 외적 기준에 끼워 맞추는 것이라고 비판하면서, 어린이가 스스로 타고난 소질을 자연스럽게 발현하는 과정에서 부자연스러운 외적 영향을 받지 않도록 도와줌으로써 어린이 스스로 판단력을 형성하게 해야 한다고 주장하였다.

에밀은 어떻게 어른이 되었는가?
—『에밀』의 구성과 내용

　　루소 자신의 표현을 빌리자면, 에밀을 교육하는 최종 목
표는 그를 "도시에서 살도록 만들어진 미개인"으로 만드는
것이다. "자연 상태에서 사는 자연인과 사회 상태에서 사는
자연인 사이에는 많은 차이가 있다. 에밀은 아무도 살지 않
는 오지로 보낼 미개인이 아니라 도시에서 살도록 만들어진
미개인이다. 그는 도시에서 자신이 필요한 물건을 구하고 주
민들을 이용할 줄 알아야 하며 그들처럼은 아니더라도 최소
한 그들과 더불어 사는 법을 알아야 한다."(E, 483~484)

　　에밀에게 필요한 기술은 "자기와 같은 사람들과 함께 사
는 방법을 아는 것이다."(E, 655) 하지만 현실에서 널리 행해

지고 있는 교육은 이러한 것이 아니다. "사람들은 사회를 위해 교육한다고 한다. 그런데 그들은 마치 우리가 각자의 독방에서 홀로 사색하면서 일생을 보내야 하는 것처럼 우리를 가르친다."(E, 543) 『에밀 또는 교육론』이 개선하고자 하는 것이 바로 이런 점이다.

루소의 '자연적' 교육의 목적은 에밀을 자연인이자 시민으로 만드는 것이다. 루소가 말하는 시민은 사회에서 필요한 것을 발견하고 유익한 것을 만들어내면서 이웃과 함께 사는 인간이다. "루소의 자연적 교육은 본성적 선함을 시민의 덕으로 전환하는 과정이며 선한 인간을 덕 있는 시민으로 변환하는 과정이다. 본성적인 선함이 확대될 때 인간은 타인을 배려하게 되고, 그것이 계속 확대된다면 인간은 인류 전체를 사랑할 수 있게 되는 것이다."[25]

루소의 『에밀』은 '자연인이 사회에서 어떤 존재로 바뀔 수 있는가'라는 가장 중요한 문제에 대한 해답을 찾아가는 과정을 담고 있다고 할 수 있다. 전부 5권(5권이라기보다 오히려 5부로 보는 것이 좋다)으로 구성되어 있는 이 책은 에밀이라는 아이를, 한 사람의 교사가 그 아이가 태어나서 자라나 결혼하기까지, 건전하고 자유로우며 공화국에 합당한 시민으로 어떻게 키워나가는지 소설 형식으로 서술한 것이다.

우선 루소는 자신이 지도하는 학생에 대해 다음과 같이

말하고 있다. "나는 가상의 제자를 만들고, 내게 그를 교육하기에 적합한 나이, 건강, 지식 그리고 모든 재능이 갖추어져 있다고 가정하면서, 그가 태어나는 순간부터 다 자란 어른이 되어 자기 자신 외에 다른 안내자가 필요 없게 될 때까지 그를 지도하기로 결심했다."(E, 264) 『에밀』에 등장하는 교사는 자신의 교육을 위해 '가상의 제자'를 둔다. 교사는 이 아이에 대해 절대적인 권한을 가지며 태어나면서부터 결혼할 때까지 그를 지도할 것이다. 제자인 에밀은 부유하고 건강 상태가 양호한 귀족 가문 출신의 고아이지만, 보통의 지능을 지닌 어린아이이다. 이러한 조건은 순전히 교육의 편의를 위해 설정한 것이다.

『에밀』은 "조물주의 손에서 나올 때는 선했던 것이 인간의 손에 들어오면 모두 타락해버린다"(E, 245)라는 유명한 문장으로 시작되는데, 유아기 교육론인, 제1권은 아이가 태어나서부터 다섯 살까지의 시기를 다루고 있다. 이 시기의 아이들은 먹고 자고 배설하는 등의 본능적인 욕망만을 채우려 하므로 이 시기에 필요한 교육은 그런 일차적 욕망을 적절하게 충족하게 하는 것 외에 별다른 것이 없다.

루소는 아이에게 관심과 사랑을 베풀고, 성장에 필요한 영양분을 충분하게 공급해야 한다고 말한다. 무엇보다 아이를 건강하게 키우기 위해서는 모유를 먹이는 것이 중요하다고 한다. 루소는 아이에게 어머니가 직접 젖을 먹여(물론 에밀은 고아이기 때문에 아이에게 꼭 맞는 유모를 구해준다) 기를 것을 권장한다.

"어머니들이 기꺼이 자신의 아이들을 젖을 먹여 키운다면, 풍습은 저절로 좋아지고 자연의 감정이 모두의 마음속에서 되살아날 것이며, 나라의 인구도 다시 불어날 것이다. 이 첫 단계가, 그것만이 모든 것을 화해시킬 것이다. 가정생활의 매력은 나쁜 풍습에 대한 가장 좋은 해독제 역할을 하는 것이다. 성가시게 여겨지는 아이들의 소란은 기분 좋은 일이 되고, 그로 인해 아버지와 어머니는 서로를 더욱 필요하고 소중한 존재로 여기며 부부의 정이 더 돈독해진다. 가정에 활력이 넘치고 생기가 돌 때, 집안일은 아내의 가장 소중한 관심거리가 되고 남편에게는 가장 흐뭇한 즐거움이 된다. 이처럼 단 한 가지 그 나쁜 풍습만 바로잡아도 곧 전반적인 개선이 이루어질 것이고, 자연은 자신의 모든 권리를 회복할 것이다. 일단 여성들이 다시 어머니가 되기만 하면 남성들도 다시 아버지와 남편으로 돌아갈 것이다."(E, 258)

아이 양육에서 아버지의 역할도 무시할 수 없다. 루소는 "진정한 유모가 어머니이듯이 진정한 교사는 아버지이다"라고 했다. 만약 아이가 "본래의 모습을 간직하기를 원한다면 (…) 부모는 그들의 방식에서와 마찬가지로 그들의 임무의 순서에서도 서로 의견을 같이해야 하며, 어린아이는 어머니의 손에서 아버지의 손으로 넘겨져야 한다."루소에 따르면 아이는 "세상에서 가장 유능한 선생보다 평범하지만 분별이 있는 아버지에게서 교육을 받는 것이 훨씬 낫다. 왜냐하면 재능이 열정의 결핍을 보완하는 것보다 열정이 재능의 결핍을 더 잘 보완해줄 것이기 때문이다."(E, 262) 이와 같이 부모의 훌륭한 협동에 의해서 아이의 교육은 올바르게 이루어질 수 있을 것이라고 루소는 말한다.

최초의 자연 상태에서 어린아이를 기르는 일은 어머니의 단독 책임이나, 사회 상태에서 아이를 보살펴서 자라게 하는 일은 부모의 공동 책임이며, 최종적인 교육의 책임은 아버지가 지게 된다. 루소는 다음과 같이 엄중하게 아버지의 양육 책임을 강조하고 있다.

"아버지가 자식을 낳고 키우는 것은 아버지로서의 의무를 3분의 1만 이행하는 것이다. 그는 인류에 대해서는 인간을, 사회에 대해서는 사회적 인간을, 국가에 대해서는 시민을 만들어야 할 의무를 지고 있다. 이 삼중의 빚을 갚아야 하는데도 그렇게 하지 않는 사람은 죄를 짓는 것이며, 의무의 반만 이행한 경우엔 아마도 그 죄가 더욱 클 것이다. 아버지로서의 의무를 완수할 수 없는 사람은 아버지가 될 권리가 없다."
(E, 262)

루소는 유아기의 교육에서 가장 중요한 것은 어린아이가 '지배욕'을 지니지 않게 하는 것이라고 말한다. 아이들은 울음으로 욕구에 대한 불만을 표시한다. 우리는 그의 울음을 멈추게 하기 위해 아이가 원한다고 여기는 일을 이것저것 해준다. "울음을 그치는 데에 주어지는 대가를 알고 나면 어린아이들은 여간해서 조용히 하지 않으려 한다." 그리하여 울음은 간청에서 명령으로 변질된다. 필요 이상으로 아이를 돌봐주면 아이에게는 능력 이상으로 명령하려는 악습이 싹트고, 이어서 권력과 지배의 개념이 생겨나게 된다.

루소는 자연의 길을 벗어나지 않는 범위 내에서 자유롭고 예절 바르게 아이를 키우는 데 필요한 네 가지 준칙을 제시하고 있다.

첫 번째 준칙. "어린아이들은 여분의 힘을 가지기는커녕 자연이 그들에게 요구하는 것을 할 힘조차 충분히 갖고 있지 않다. 그러므로 자연이 그들에게 부여한 힘을 다 쓰도록 내버려 두어야 한다." 그래도 그들은 그 힘을 남용하지 못할 것이다.

두 번째 준칙. "어린아이들을 도와주고, 지능 면에서든 힘의 측면에서든 물리적 욕구에 속하는 모든 것에서 그들에게 부족한 것을 보충해주어야 한다."

세 번째 준칙. "그들에게 제공하는 도움은 변덕이나 까닭

없는 욕구에 응하는 것이 아니라 현실적으로 필요한 것에만 국한해야 한다. 왜냐하면 변덕은 자연에 속하는 것이 아닌 만큼 그들에게 변덕이 생겨나지 않는다면 아이들이 변덕에 시달리는 일은 없을 것이기 때문이다."

네 번째 준칙. "그 나이는 무엇을 숨길 줄 모르는 나이이므로, 그들의 욕구가 자연에서 직접 생겨난 것인지 사람들의 엉뚱한 생각에서 비롯된 것인지를 구분하기 위해 아이들의 언어와 몸짓을 유심히 관찰해야 한다."(E. 290)

루소에 따르면 이상과 같은 준칙의 목적은 "아이들에게 진정한 자유를 더 많이 부여하는 한편 지배욕은 더 적게 부여하는 것이고, 아이들이 스스로 더 많은 것을 하고 타인에게 요구를 덜 하게 하는 것이다"라고 한다.

루소는 아이를 돌볼 때 아이에게 진정으로 필요한 것이 무엇인지 판단하여 그것만 신속하게 충족시켜주고, 변덕에 굴복하거나 이유 없는 욕망에서 비롯된 행위를 허용해서는 안 된다고 조언한다.

루소는 유아 교육에 관한 당시의 저작들을 참조하면서, 배내옷을 비롯해 아이의 육체적 성장에 방해가 되거나 아이의 자유를 구속하는 모든 것은 배제되어야 하고, 말이나 셈을 일찍 가르치려 해서도 안 된다고 주장한다. 유모를 어떻게 선택해야 하는지, 아이를 왜 시골에서 키워야 하는지, 찬

물 목욕이 왜 좋은지, 또한 시각과 청각, 촉각 등의 감관을 어떻게 훈련시켜야 하는지에 관해서도 다양한 의견을 제시한다. 루소의 이런 의견들은 18세기 중반 당시 행해지던 것에 비해 크게 독창적인 것은 아니지만 앞서 있었던 것은 사실이다.

제2권은 다섯 살부터 열두 살까지의 아동기를 다루고 있다. 아이는 이 시기에 하나의 정신적 존재가 되지만, 여전히 자기 주위의 사물로부터 벗어나지는 못한 상태이다. 이때는 아이를 그의 연령에 맞게 돌봐주는 것이 가장 중요한 시기이다. 따라서 이 시기의 교육은 감각의 교육이어야 하고 "이성으로써 어린아이를 교육시키려" 해서는 안 된다. 이와 같은 이유에서 "말로 하는 어떤 종류의" 교육도 의미가 없다고 루소는 생각한다. 언제나 체험을 통해서 세상을 이해하도록 해야 한다.

아동은 육체적 감각을 통하여 사물을 이해하기 시작한다. 감각적 이성을 지니고 있으며, 감각적 이성의 계발은 육체의 자유로운 사용에서부터 시작되는 것이다. "그의 육체와 기관과 감각과 힘을 사용하게 하라. 그러나 그의 영혼은 가능한 한 아무것도 하지 않게 하라"고 루소는 주장한다.

루소는 아동기에 가장 중요한 교육 가운데 하나가 감각의 훈련이며, 우리 안에서 형성되고 완성되는 최초의 능력이 감각 기관이라고 설명한다.

"어린아이는 어른보다 작다. 어른의 힘도, 이성도 지니고 있지 않다. 그러나 어른만큼은 아니더라도 거의 그 정도로 보고 들을 수 있다. 비록 덜 섬세할지라도 어른과 같은 예민한 감각을 가지고 있고, 어른처럼 관능성을 느끼지는 못하나 그들 못지않게 냄새를 구별한다. 우리에게서 가장 먼저 형성되어 완성되는 능력은 감각이다. 따라서 감각을 가장 먼저 길러주어야 할 것이다. 그런데 사람들이 흔히 잊고 있거나 가장 등한시하는 유일한 기능이 바로 이것이다. 감각을 훈련한다는 것은 단지 그것을 사용하는 것만이 아니라 그것들을 통해 제대로 판단하는 법을 배우는 것, 말하자면 느끼는 법을 배우는 것이다."(E, 380)

루소는 인간이 가진 다섯 가지 감각(시각, 촉각, 청각, 미각, 후각)을 적절히 발달시킬 때 아이는 건강한 인간으로 성장할 수 있다고 보았다. 이러한 오감의 발달은 여섯 번째 감각인 공통감각(sens commun)의 발달을 자연스럽게 가져오는데, 루소는 이것을 '감각적 이성 또는 유치한 이성'이라고 부르면서, 이에 적합한 교육을 실시할 것을 당부한다.

루소는 어린이의 신체 훈련이 매우 중요하다고 말하면서, 지속적으로 신체를 단련해 자연에서 오는 고통을 이겨내는 강인함을 기를 것을 주문한다.

"어린이를 현명하고 합리적인 사람으로 만들려면 그를 튼튼하고 건강하게 만들라. 일하고 행동하고 달리고 소리 지르고 언제나 움직이게 하고, 기력에서만큼은 어른이 되게 하라. 그러면 그는 곧 이성에서도 어른이 될 것이다. (…) 계속해서 움직이고 있기 때문에 많은 것을 관찰하고 많을 결과들을 알 수밖에 없다. 그는 일찍부터 풍부한 경험을 한다. 또한 사람이 아니라 자연에서 교훈을 얻는다. 어디서도 그를 가르치려는 의도를 보지 못하는 만큼 그는 더욱 잘 배우게 된다. 따라서 그의 신체와 정신은 동시에 단련된다. 언제나 다른 사람의 생각이 아닌 자신의 생각대로 행동하기 때문에 계속해서 두 작용을 결합시킨다. 몸이 강하고 튼튼해질수록 그는 더욱 지각과 판단력을 갖추게 된다. 이것이 바로 흔히 양립할 수 없는 것으로 생각하지만 거의 모든 위대한 사람들이 겸비한 것, 즉 강한 신체와 강한 정신, 현자의 이성과 장사(壯士)의 기운을 언젠가 갖게 되는 방법이다."(E. 361)

이러한 상황에서 읽기와 쓰기를 가르치는 것은 아이의 신체 활동을 방해하는 것이기에 삼가야 한다고 말한다. 루소는 독서를 '재앙'이라고 표현했다. "독서는 아이에게 재앙인데도 어른들이 빠지지 않고 시키는 거의 유일한 것이다. 열두 살이 되어서야 에밀은 겨우 책이라는 것이 무엇인지를 알게 될 것이다. 하지만 그가 최소한 읽을 줄은 알아야 한다고 사람들은 말할 것이다. 나도 그렇게 생각한다. 하지만 독서가 그에게 유용하다고 생각될 때 읽을 줄 알면 되는 것이다. 그 때까지 독서는 아이를 지겹게 할 뿐이다."(E, 357)

무엇보다 이 시기의 교육은 지식을 얻기보다는 지식을 얻는 도구인 기관을 연마하는 것이 목표이기 때문에 소극적인 교육이어야 한다. 그 교육은 "아무것도 시키지 않거나 방임하지 않고" 아이의 행동을 주시하고 지속적으로 관심을 갖는 교육이다. 루소는 행복은 무엇보다 욕망을 실현할 수 있는 능력에 비해 지나치게 큰 욕망을 줄이는 데에 있다고 보고, 아이의 힘과 욕구와 의지를 균형 잡히게 해야 한다고 주장했다. 무질서와 혈기를 적당히 조절함으로써 아이가 정말로 자유롭게 되고, 자신이 다다를 수 없는 것 때문에 괴로워하지 않고, 자기 나이에 합당한 모든 기쁨을 누릴 수 있게 된다는 것이다.

루소는 제2권 마지막 부분에서 아동기의 교육이 성공하면 얼마나 조화롭고 행복한 열두 살의 제자를 얻을 수 있는지를 다음과 같이 묘사한다. "그는 민첩하고 경쾌하며 생기발랄하다. 그의 동작에는 그 나이에 어울리는 활달함이 가득하다. 하지만 그가 무엇이든 다 해보려고 하는 것은 아니다. 무엇을 하려고 하든 아이는 자신의 능력을 벗어나는 것은 아무것도 하려고 하지 않을 것이다. 이미 자신의 힘을 충분히 시험해봐서 알고 있기 때문이다. (…) 일을 하건 놀건 어느 것이나 그에게는 마찬가지다. 놀이가 곧 일인지라 아무런 차이를 느끼지 못한다. 그는 자신의 재주와 지식의 정도를 동시에 보여주면서 그가 하는 모든 일에 관심을 끌어 웃음 짓게 하며, 자유를 발휘하여 사람들을 즐겁게 한다. 번쩍이는 두뇌로 아는 지식을 드러내며 우스울 정도로 관심을 집중하고 기분 좋은 자유를 불어넣는다. 생기 있고 쾌활한 눈, 만족스럽고 평온한 태도, 개방적이고 유쾌한 표정의 귀여운 아이가 더할 나위 없이 진지한 일을 장난치듯이 하거나, 너무도 하찮은 놀이에 정신이 팔려 몰두하는 것을 보는 일은, 그 나이 또래의 아이들에게서나 볼 수 있는 매력적이고도 흐뭇한 광경이 아니겠는가?"(E, 422~423)

제3권은 열두 살부터 열다섯 살까지의 소년기를 다루고 있다. 이 시기는 아동기에서 청년기로 넘어가는 과도기로 아이의 힘이 그의 욕구를 만족시키고도 남을 때다. 넘치는 힘을 생활에 유용한 학문을 공부하는 데 쓰도록 하고, 사회에서 독립적으로 살 수 있게 하는 여러 유용한 기술을 배울 수 있도록 방향을 전환시키는 것이 이 시기 교육의 관건이다.

소년기는 "개인이 자신이 바라는 이상을 할 수 있는" 시기이며, 상대적으로 최대한의 힘을 갖는 시기이다. 이 시기는 "일생 중 가장 중요한 시기로서 단 한 번밖에 오지 않는 시기다. 그것도 아주 짧은 시기다." 그런 만큼 이 시기를 잘 활용하는 것이 중요하다.

그렇다면 남아도는 역량과 힘으로 도대체 무엇을 할 것인가? 루소는 필요할 때 유익하게 사용될 수 있는 것에 그것을 사용하여야 한다고 말한다. 즉 현재의 여분을 미래를 준비하는 데 투입해야 한다는 것이다. "튼튼한 어린아이가 허약한 어른을 위해 비축해두는 셈이다. 하지만 그는 도둑맞을 수 있는 금고나 자신과 무관한 헛간에다 그것을 저장해두지는 않을 것이다. 자신이 얻은 것을 진정으로 제 것으로 만들기 위해 그는 자신의 팔과 머리에, 자기 자신 안에 넣어둘 것이다." 따라서 이때가 바로 일과 학습과 공부를 해야 할 시기이다. 그런데 여기서 유의해야 할 것은 이러한 시기 선택을 "내가 자의적으로 하는 것이 아니라 자연이 지정해주고 있다"는 점이다.(E. 428)

루소는 소년기의 어린이에게 활동의 원동력이 되는 것은 올바르게 인도된 호기심이라고 했다. 그는 이 호기심의 최초의 원리는 행복에 대한 타고난 욕망과 그 욕망을 완전히 충족시키는 것이 불가능하기 때문에 끊임없이 그 욕망을 채워주는 데 도움이 될 새로운 수단을 추구하는 데 있다고 한다. 루소는 인간의 마음에 자연스러운 그러한 호기심에 의해서 습득된 지식이야말로 우리가 추구하는 지식이라고 했다.

"도구와 책만으로 외딴 섬에 유배되어 여생을 그곳에서 혼자 보낼 수밖에 없는 철학자를 상상해보라. 그는 더 이상 세계의 체계니 인력의 법칙이니 미분법이니 하는 것에 신경을 쓰지 않을 것이다. 그는 아마 살면서 단 한 권의 책도 펼쳐보지 않을 것이다. 하지만 그는 그 섬이 아무리 크다 하더라도 그 섬 구석구석까지 살펴보는 일은 그만두지 않을 것이다. 따라서 인간이 저절로 관심을 갖게 되지 않는 지식들은 우리의 최초 연구에서 몰아내고, 본능에 따라 우리가 구하게 되는 지식들에만 한정하자."(E, 429)

자연을 관찰하는 학문, 이를테면 물리학, 천문학, 기하학 등을 공부하고, 책이 아니라 관찰과 경험과 실험을 통해 예리한 지성을 갖추어야 한다. 호기심을 자극하는 것만으로는 충분하지 않다. 어린이는 그가 획득한 지식이 유용하다는 것을 느껴야 한다. 예를 들면 천문학 수업을 위해 교사는 어느 날 정오에 일부러 에밀이 몽모랑 시의 북쪽 숲에서 길을 잃게 한다. 이로써 별자리에 대한 지식과 방향을 찾는 데 유용한 경험을 하게 한다. 마을이 숲의 남쪽에 있고 그림자의 반대 방향으로 가면 마을에 도달할 수 있다는 생각을 가르쳐주는 것이다. 루소는 이렇게 말한다. "가능한 한 행동으로 가르쳐야 하고, 행동으로 할 수 없는 것만을 말해주어야 한다."
(E, 451)

이 시기에 에밀은 난생 처음으로 책다운 책을 읽게 된다. 그 책은 『로빈슨 크루소』다. 이 책은 "자연 교육에 관한 가장 만족할 만한 개론"으로 에밀에게 "오락거리인 동시에 가르침"이 되어줄 것이다.

"다른 인간의 도움도 어떤 기술적인 도구도 없지만, 자신의 생존과 자기 보존에 대비하며 심지어 일종의 안락함마저 누리는 로빈슨 크루소야말로 모든 연령대에게 흥미로운 대상이며, 수천 가지 방법으로 아이들을 즐겁게 해줄 수 있는 소재다. 그것은 처음에 내가 비유로 써먹었던 무인도를 우리가 실현시키는 방법이다. 이런 상태가 사회 상태가 아니라는 것은 나도 인정하나, 아마 이것이 에밀의 상태가 되어서도 안 될 것이다. 하지만 바로 이 상태에 비추어 그는 다른 모든 상태를 판단해야 한다. 편견을 넘어 자신의 판단을 사물의 진정한 관계에 따라 정리하는 가장 확실한 방법은 자신을 고립된 인간의 상황에 두고, 고립된 인간이 모든 것을 자신의 유용성에 비추어 스스로 판단을 내리듯 우리가 모든 것을 판단하는 것이다.

줄거리만을 추렸을 때 이 소설은 섬 근처의 난파에서 시작하여 그를 구하러 배가 도착하는 것으로 끝나는데, 지금 다루고 있는 시기 동안 에밀에게 단순한 오락거리뿐만 아니라 교육의 기회도 제공한다. 나는 그의 정신이 완전히 거기에 빠져 끝없이 자기 저택이나 염소, 재배지에 몰두하길 바란다. 그리하여 그런 비슷한 상황에서 그가 알아야 할 모든 것을 책에서가 아니라 사물을 통해 자세히 배우기를 바란다. 자신이 바로 로빈슨이라고 생각하기를 바란다."(E, 455)

로빈슨 크루소는 인간의 세계에서 고립되어 사물들의 세계에서만 살아가며, 어떤 기술이나 도구의 도움 없이 혼자서 자기 보존, 즉 생존에 필요한 것을 마련한다. 그에게는 금이나 다이아몬드보다 철이나 유리가 훨씬 더 값지며, 대장장이의 기술이 금은 세공사의 기술보다 훨씬 유용하다. 그리하여 에밀은 농업, 대장간 일, 목수 일의 순서대로 기술이 중요함을 알게 된다.

"모든 기술 가운데 가장 으뜸은 농업이다. 나는 대장간 일을 그 다음으로, 목수 일을 세 번째로 꼽는다. 세속적인 편견에 전혀 물들지 않은 아이라면 이렇게 판단할 것이다. 이 점에 대해 우리의 에밀은 그가 읽은 로빈슨에서 얼마나 많은 중요한 생각들을 끌어내겠는가! 기술이란 세분되어 서로의 도구를 무한히 배가시킴으로써 완성되어간다는 사실을 알고, 그는 어떻게 생각할 것인가? 그는 마음속으로 생각할 것이다. '이 사람들은 모두 헛똑똑이야. 자기 팔과 손가락이 어떤 일에 쓰이는 것을 두려워하여 그것들 없이 지내기 위해 온갖 도구들을 만들어 내는 것 같군. (…) 내 친구와 나로 말하면, 우리는 우리의 솜씨 연마에 재능을 쏟는다. 우리는 어디를 가든 가지고 다닐 수 있는 연장들을 스스로 갖추고 있는 거야. 파리에서 재능을 뽐내는 저 사람들은 모두 우리의 섬에서는 아무것도 할 줄 몰라서 이번에는 그들이 우리의 견습생이 될 거다'라고."(E, 460)

루소는 사회의 모든 계층이 생존하기 위해 정당한 노동을 해야 할 의무가 있다고 생각했다. 노동은 스스로 살길을 찾아 살아나가는 능력을 갖추게 할 뿐 아니라 사회관계에 대한 관념을 형성하는 데에도 도움이 된다. 아이는 "자신에게 소용될 도구들을 갖기 위해서는 그 이상으로 다른 사람들에게 소용이 될 도구들도 자기가 가져야 한다는 것을 알게 된다. 그래야 자신에게 필요하지만 다른 사람의 수중에 있는 물건을 교환을 통해서 얻을 수 있기 때문이다."(E, 467) 그리하여 어린이는 교환이라는 것이 사회를 성립시킨다는 것을 알게 되고, 사회에서 자기 역할을 마련하는 일을 배움으로써 사회적 인간의 기초를 다지게 되는 것이다.

"자기가 벌이를 하지 않으면서 먹는 자는 그것을 훔치는 것과 같다. 아무 일도 하지 않으면서 국가가 지불하는 연금으로 생활하는 사람은 내가 보기에는 행인들을 등쳐 먹고 사는 강도와 다를 것이 거의 없다. 사회 밖에서 누구에게도 신세 지지 않고 고립 속에서 살아가는 인간은 자기 마음대로 살아갈 권리가 있다. 그러나 필연적으로 다른 사람들에게 신세 지며 살 수밖에 없는 사회 속에서 인간은 노동을 하여 그의 생계비를 대야 한다. 여기에는 예외가 없다. 그러므로 노동을 하는 것은 사회적 인간에게는 필수적인 의무다. 부자든 빈자든, 강자든 약자든, 일하지 않고 놀고먹는 시민은 누구나 다 사기꾼이다."(E, 470)

한 인간에게 경제적으로 독립적 삶을 살 수 있게 하는 여러 유용한 기술이 있다. 그중에서 루소는 에밀에게 목수 일을 가르친다. "그것은 깨끗하고 유용하고 집에서 할 수 있는 일이다." 그것은 무엇보다 몸을 충분히 움직이게 하고, "손으로 일하는 습관과 더불어 반성과 명상에 대한 취미를" 부여할 수 있는 일이다. "신체 훈련과 정신 훈련이 항상 서로에게 휴식이 될 수 있게 하는 것"이 교육의 중요한 비결이라면, 이와 같은 일들을 통해 아이를 행동하고 생각하는 존재로 만들 수 있는 것이다.(E, 478, 480)

소년기의 교육이 완성되면서 열다섯 살이 된 에밀은 "부지런하고 절제할 줄 알며 인내심이 강하고 굳건하며 용기로 가득 차 있다"고 루소는 확신한다. 그는 약간의 고통에만 민감하며 끈기 있게 참아낼 줄도 안다. 죽음에 대해서는 아직 그것이 무엇인지 잘 모르지만 저항하지 않고 필연성의 법칙을 받아들이는 데 익숙하다. 루소는 14년 동안 에밀에게 기울인 교육의 대차 대조표를 다음과 같이 제시하고 있다.

"한마디로 말해서 에밀은 그 자신과 관련된 모든 미덕을 지니고 있다. 이와 더불어 사회적인 미덕까지 지니려면, 다만 그러한 미덕이 요구되는 관계들을 아는 일만 남아 있다. 그에게 부족한 것은 단지 지식인데, 그의 정신은 그 지식을 받아들일 만반의 준비가 되어 있다. 그는 다른 사람을 고려하는 일 없이 자신을 고려하며, 다른 사람 또한 자신을 전혀 생각해주지 않아도 좋다고 생각한다. 그는 누구에게든 아무것도 요구하지 않으면 아무한테도 빚진 것이 없다고 생각한다. 그는 인간 사회에서 혼자이며 자기 자신만을 믿는다. 또한 그는 사람들이 그 나이에 갖출 수 있는 모든 능력을 갖추었기 때문에 자기 자신을 믿을 권리를 다른 누구보다 더 가지고 있다. 그에게는 오류가 전혀 없으며, 그렇지 않다면 우리에게 불가피한 오류만 가지고 있다. 또한 악덕이라곤 전혀 없으며, 있다면 어떤 사람이라도 피할 수 없는 악덕만을 가지고 있다. 그는 건강한 신체와 민첩한 사지, 편견 없는 올바른 정신, 정념이 없는 자유로운 마음을 가지고 있다. 모든 정념들 가운데 가장 으뜸이고 가장 자연적인 이기심은 마음속에서 아직 거의 일깨워지지 않았다. 누구의 휴식도 방해하지 않고, 자연이 허락하는 범위 내에서 그는 만족한 채 행복하고 자유롭게 살아왔다."(E, 487~488)

에밀은 자기 자신과 관련하여 갖추어야 할 미덕은 모두 갖추고 있다. 루소는 여기에 사회적인 미덕을 갖추는 일이 남아 있다고 말한다. 에밀은 행동하고 생각하는 존재이지만 그를 인간으로 완성시키기 위해 "자애심 많고 다정다감하며 인정 많은 존재로 만드는 일만이 남아 있다. 말하자면 감정에 의해 이성을 완성시키는 일이다."(E, 481) 이것이 루소가 다루려는 인생의 네 번째 단계이다.

제4권은 청년기의 교육론으로 사춘기를 포함한 열다섯 살부터 스무 살까지를 다루고 있다. 루소는 인간은 두 번 태어난다고 말한다. "한 번은 존재하기 위해서 다른 한 번은 살기 위해서이다. 처음에는 인간이라는 종(種)으로, 다음에는 남성이나 여성으로 태어나는 것이다." 청년기의 '격렬한 급변'은 '정념의 웅성거림'에 의해 시작되며, 기질의 변화에 대한 정신적인 징후와 함께 얼굴에도 눈에 띄는 변화가 나타난다. 루소는 이 시기를 제2의 탄생이라고 부르면서, 그냥 인간이었던 존재가 비로소 한 인격체로 성장하게 된다고 말한다. "바로 여기에서 인간은 진정으로 인생에 눈을 뜨며, 인간과 관련된 것은 어느 것도 그와 무관하지 않게 된다."(E, 490)

인간의 정념은 인간의 보존을 위한 주요한 도구이다. 정념을 갖는 것은 인간의 본성에 속하며, 정념의 원천은 자연이다. 그것은 "우리의 자유를 위한 도구이고 우리의 보존을

지향한다."『에밀』의 제4권 앞부분에서 루소는 자연 상태의
자기애(amour de soi)와 사회 상태의 이기심(amour-propre)이라
는 정념을 구분하여 설명한다. 우선 자기애는 "우리 정념의
원천, 모든 다른 정념의 기원이자 근원이며, 인간과 함께 태
어나 그가 사는 한 그를 결코 떠나지 않는 유일한 정념"이다.
자기애는 원초적이고 선천적이며 모든 다른 정념에 앞서는
정념이다.

"자기애는 항상 선하고 언제나 자연의 질서에 부합한다.
인간은 각자 누구나 자기를 보존할 임무를 지니므로, 그의
임무 중 가장 중요한 첫 번째 일은 끊임없이 자기 보존에 주
의를 기울이는 것이고 또 그래야만 한다. 그런데 그것에 가
장 큰 관심을 갖지 않는다면 어떻게 그렇게 주의를 기울일
수 있겠는가? 그러므로 우리는 자기를 보존하기 위해 자기
를 사랑하여야 한다. 그리고 바로 그런 감정의 직접적 결과
로서 우리는 우리를 보호해주는 것을 사랑한다."(E, 491)

자기애는 자기 자신만 생각하기 때문에 자신의 욕구가 충
족되면 만족한다. 하지만 이기심은 타인을 의식하고, 타인에
게 인정받기를 원하는 감정이다. 이기심이 지나치면 타인을
속이고, 시기하고 파괴하려고 든다.

"자신에게만 관계되는 자기애는 진정한 욕구가 충족될 때
만족하지만, 자기를 다른 사람과 비교하는 이기심은 결코 만

족하지 못하고 만족할 수도 없을 것이다. 왜냐하면 이기심이라는 감정은 다른 사람들보다 자기를 더 좋아하면서 또한 다른 사람들도 그들 자신보다 자기를 더 좋아하기를 요구하는데, 이는 애초에 불가능한 일이기 때문이다. 이리하여 온화하고 다정한 정념은 자기애에서 생겨나고, 남을 미워하고 걸핏하면 화를 잘 내는 정념은 이기심에서 생겨난다. 그러므로 욕구를 그리 많이 갖지 않고 자기를 다른 사람과 자주 비교하지 않을 때 인간은 본질적으로 선량하게 된다. 반면 많은 욕구를 갖고 평판에 지나치게 집착할 때 인간은 본질적으로 사악해진다."(E, 493)

소년기까지 에밀은 사회에서 홀로 존재하는 자연인과 같이 키워졌다. 그에게 중요한 것은 사물과의 관계 속에서 자신을 인식하는 것이었다. 반면에 청소년기에는 사람들과의 관계 속에서 자기 자신을 탐구하는 것이 중요하게 된다. 자아 형성이 자연적 과정에서 사회적 과정으로 전환되는 이 시기야말로 진정으로 중요한 교육이 시작되는 시기다.

"인간에게 적합한 연구는 그가 맺고 있는 관계들에 대한 연구다. 그가 자신을 육체적인 존재를 통해서만 아는 동안은 자신이 사물들과 맺고 있는 관계를 통해 자신을 연구하여야만 하는데, 이것이 유년기의 일이다. 그러나 그가 정신적인 존재로서 자기를 느끼게 되면, 그는 자신이 인간들과 맺고 있는 관계를 통해 자신을 연구하여야 한다. 이것이 우리가 지금 도달한 이 시기에서 시작해 평생에 걸쳐 해야 할 일이다."(E, 493)

청년기에 인간은 자신을 둘러싸고 있는 사람들에게 관심을 갖기 시작하며, "인간은 홀로 살아가기 위해 만들어진 것이 아니라는 것을 느끼기 시작한다. 이리하여 인간적인 애정에 대해 마음이 열리고 애착을 가질 수 있게 된다."(E, 502)

동정심은 다른 사람의 존재를 의식하게 될 때 생겨나는 감정이며, "자연의 질서에 따라 사람의 마음을 움직이는 최초의 상대적인 감정"이다.(E, 505) 타락하여 방탕하게 놀아나는 젊은이들은 몰인정하고 잔인하다. 그들은 동정심도 자비심도 모른다. 반대로 소박하게 잘 자란 젊은이는 "자연의 최초의 운동에 의하여 부드럽고 다정한 정념으로 인도된다. 동정심에 넘치는 그의 마음은 자신과 동류인 인간들의 고통에 마음이 흔들린다."(E, 502)

그는 남의 마음을 상하게 한 것을 후회하고, 자신이 입힌 상처에 눈물을 흘리며, 자기 잘못을 기꺼이 뉘우치고 용서를 구하는 것처럼 다른 사람의 잘못을 흔쾌히 용서한다. 그는 누구보다도 관대하고 선량하며 다정하고 상냥하다.

"인간을 사회적인 존재로 만드는 것은 바로 그 약함(faiblesse)이다. 우리의 마음에 인간애를 갖게 하는 것은 우리가 공유하는 바로 그 비참함이다. 우리가 인간이 아니라면 우리는 전혀 인간애에 대한 의무가 없을 것이다. 애착이란 모두 부족함의 표시다. 우리 각자가 다른 사람들을 전혀 원하지 않는다면, 그들과 함께 어울리려는 생각은 거의 하지 않을 것이다. 그처럼 우리 자신의 나약함(infirmité)으로부터 우리의 덧없는 행복은 생겨난다."(E, 503)

인간은 불완전한 존재이기 때문에 다른 사람에게 애착을 느낀다. 만약 불완전한 존재가 스스로 자족할 수 있다면 그는 외롭고 불행할 것이다. 루소는 "아무것도 필요하지 않은 사람이 무엇을 사랑할 수 있으리라고 생각하지 않으며, 그 무엇도 사랑하지 않는 사람은 행복할 수 있다고 생각하지 않는다"라고 말한다.(E, 503)

결과적으로 우리가 인류인 인간에게 애착을 갖는 것은 그들의 즐거움을 느껴서가 아니라 그들의 고통을 느끼기 때문이다. 루소에 따르면 우리는 거기서 인간의 본성이 동일하다는 것, 그리고 그들이 우리에게 틀림없이 애착을 가질 것이라는 보증을 받을 수 있다는 것이다. 또한 우리에게 공통되는 비참함은 우리를 사랑으로 결집시킬 수 있다는 것이다. 루소는 행복한 사람의 모습은 우리에게 질투심을 유발한다고 하였다.

"동정심은 감미롭다. 왜냐하면 괴로워하는 사람의 입장이 되면서도, 그래도 자기는 그 사람처럼 괴로워하지 않는다는 기쁨을 느끼기 때문이다. 부러워하는 마음은 쓰디쓰다. 행복한 사람의 모습은 그를 부러워하는 사람에게 행복한 사람의 입장이 되게 만들기는커녕 그런 처지에 있지 못하다는 상실감을 갖게 하기 때문이다. 동정심은 남이 괴로워하고 있는 불행에서 우리를 벗어나게 해주고, 부러움은 남이 즐기는 기쁨을 우리에게서 빼앗아가는 것 같다."(E, 504)

그러므로 젊은이에게 사람들이 누리는 행복의 거짓된 모습을 보여주어 그의 마음에 잘못된 감정이 싹트게 해서는 안 된다. 루소는 인간은 본래 "알몸으로 가난하게 태어나 인생의 비참함, 슬픔, 불행, 결핍 그리고 온갖 종류의 고통을 피할 수 없으며, 결국 죽을 운명에 처해 있다고 말한다."(E, 504) 바로 이것이 인간의 참된 모습이며, 어떤 인간도 거기서 예외일 수 없다.

루소는 인간은 누구나 다 고통에 가슴 아파한다는 사실을 알아야 한다고 주장한다. 이 세상에 자기와 똑같은 존재가 있어서, 자기가 괴로워하는 것은 다른 사람들도 역시 괴로워하고, 자기가 느끼는 고통은 다른 사람들도 느낀다는 것을 알아야 한다고 루소는 말한다. 그래야 타인의 고통을 헤아릴 줄 안다는 것이다.

이런 맥락에서 루소는 "인류를 존중하라"고 말한다. 모든 사람을, 심지어 인간을 경멸하는 사람들까지도 사랑하도록 가르치라고 말한다.

"한마디로 말해서 여러분의 학생에게 모든 사람을, 심지어 인간을 경멸하는 사람들까지도 사랑하도록 가르치라. 그래서 그가 어떠한 계급에 속하지 않으면서 동시에 모든 계급에 속하도록 하라. 그의 앞에서 인류에 대해 말할 때는 공감이나 연민을 갖고 말해야지, 결코 경멸적으로 말해서는 안 된다. 인간이여, 정말이지 인간을 모욕하지 말라."(E, 510)

루소는 이러한 교육의 연장선상에서 비로소 올바른 도덕교육을 실시해야 한다고 주장한다. 루소의 주장은 '정의'나 '선량함'에 대한 주장과는 거리가 멀다. 인류에게 공통된 불행을 알게 하고, 사회가 어떻게 인간들을 타락시키고 왜곡시키는지를 알게 하고, 인간들이 얼마나 가면을 쓰고 살아가는지를 알게 하라는 것이다. 선량한 사람은 잊히거나 웃음거리가 되기 십상이라는 것을 알게 하고, 역사에 기술된 사실들은 실제로 일어났던 그대로 정확히 묘사된 것이 아니라는 사실을 알게 하라는 것이다.

자신과 동류인 사람들에 대해 많은 관심을 갖고 그들의 행동과 취향과 쾌락을 검토하고 평가하는 작업을 통해 에밀은 비로소 이기심으로 환원되지 않는 이타심이 있다는 것을 알 수 있다고 말한다.

"자신의 본성을 수많은 방식으로 계발하고, 자기 자신의 감정과 자기가 다른 사람들에게서 관찰하게 될 감정에 대해 많이 생각한 후에야 비로소 그는 자신의 개인적인 개념들을 인류라는 추상적인 관념 아래서 일반화하기에 이르며, 인류와 자신을 동일시할 수 있는 애정을 자신의 개별적인 애정들에 결부시키게 된다."(E, 520)

다른 사람들의 행복을 위해 마음을 쓰면 쓸수록, 에밀은 더욱 풍부한 식견을 갖게 되고 더욱 현명해질 것이며, 무엇이 선이고 악인지에 대해 잘못 생각하는 일이 적어질 것이다. 이런 부단한 성찰과 일반화의 결실이 바로 도덕 교육이라고 루소는 말한다.

청년기의 교육 가운데 가장 중요한 교육은 '종교 교육'이다. 이 시기의 젊은이들은 사회도덕과 초월적 종교에 관한 감정을 조화롭게 교육받을 필요가 있다. 『에밀』에서는 「사부아 보좌 신부의 신앙 고백」을 통해 종교 교육이 이루어진다. 그 종교는 만물의 조화와 양심의 소리에 바탕을 둔 자연 종교이다. 선과 악의 문제, 양심의 문제, 진정한 신앙의 문제 등이 여기에서 다루어진다. 정직하고 정의로운 사람은 기존의 체계에서 종교적 또는 도덕적 답을 찾기보다 자기 안에 있는 양심의 소리에 귀를 기울이고, 양심에 어떻게 처신해야 하는지를 물어야 한다. 양심을 따르는 자는 자연의 뜻을 따르는 자이며, 행여 길을 잃지 않을까 두려워할 필요가 전혀 없다. 루소가 에밀에게 행한 종교 교육이 바로 이런 것이다. 그것은 신앙과 이성이 조화롭고 현명하게 공생할 수 있도록 해주는 것이다.

자유로운 사고방식을 가진 보좌 신부는 다음과 같이 말한다. "나는 모든 사람이 서로 사랑하고 형제처럼 여기도록, 또 모든 종교를 존중하고 저마다 자기 종교 안에서 평화롭게 살도록 인도하려고 노력할 것이네. 누군가에게 태어날 때 가졌던 종교를 버리라고 부추기는 것은 나쁜 일을 하라고, 즉 자기 자신에게 나쁜 일을 하라고 부추기는 것이라고 생각하네."(E. 629) 끝으로 「사부아 보좌 신부의 신앙 고백」은 이렇게 이야기한다. "어떤 특정한 종교라도 하느님을 유용하게 모시면 좋다고 믿는다."

스무 살에 가까워진 에밀은 이제 어른의 세계로 들어간다. 그는 남자로서의 삶을 준비해야 한다. 결혼을 해야 할 시기가 다가오고 있다. 그는 의식적으로 스승에게 자신의 장래 배우자를 구하는 일을 맡긴다. 배우자를 구하는 일은 흥미롭고 힘들다는 점에서 중세 기사들이 성배를 찾아가는 일을 연상시키는데, 이 부분이 『에밀』의 또 다른 주제를 이룬다.

제5권은 스무 살부터 결혼하기까지의 성년기 교육론으로, 주로 에밀의 배필이 될 소피의 교육을 다루고 있다. 후반부

에서는 에밀과 소피가 결혼으로 이르게 되는 과정이 소설의
형식을 빌려 전개되고 있다.

　루소는 남녀는 성적 차이를 제외하면 모든 면에서 동일하
다고 말한다. "여성은 똑같은 신체 기관, 똑같은 욕구, 똑같
은 능력을 갖는다." 따라서 어느 성이 우월하다느니 평등하
다느니 하는 논쟁들은 부질없다. 남녀 차이는 서로 우열을
비교할 수 없는 절대적 차이다. 그런 면에서 "완전한 여성과
완전한 남성은 서로 생김새가 닮지 않았듯이 정신에서도 닮
지 않았다."(E, 692~693)

　남성과 여성은 무엇이 다른가? 우선 남성은 능동적이고
강하며, 여성은 수동적이고 약하다. 루소는 강한 남성은 독
립적으로 살 수 있지만, 약한 여성은 남성에게 의존해야 하
므로 여성은 "남성의 마음을 즐겁게 하고 그에게 복종하도
록 만들어졌다"라고 주장한다. 따라서 남성에 도전하기보다
는 남성 뜻에 맞는 존재가 되기 위해 노력하라는 것이다. 그
리고 이를 위해 여성이 갖는 매력을 충분히 활용하라고 조
언한다. 루소는 인간으로서 남녀는 평등하지만 성격에서나
기질에서 큰 차이가 있다고 생각한다.(E, 693)

　사정이 이러하니 남성과 여성은 동일한 교육을 받아서는
안 되고 당연히 다른 교육을 받아야 한다. 소피는 첫째, 전적
으로 남편에게 헌신하는 부인이 되도록 교육받아야 한다.

"여성이 받는 모든 교육은 남성과 관련된 것이어야 한다. 남성을 즐겁게 해주고, 그들에게 쓸모가 있으며, 그들의 애정과 칭송을 받으며, 그들이 어렸을 때 양육하고 커서는 그들을 보살피고, 그들에게 충고와 위로를 주며, 그들에게 삶이 즐겁고 감미로운 것이 되도록 해주는 것, 바로 이런 것들이 언제나 변치 않는 여성의 의무이며 어릴 때부터 여성에게 가르쳐야 하는 것들이다."(E. 793)

둘째, 여성의 가장 중요한 자질은 '유순함'이므로 순종에 대한 교육을 어릴 때부터 시켜야 한다. 루소에 의하면 "여성은 일찍부터 옳지 않은 일조차 참아내는 법을 배워야 하며, 불평 없이 남녀의 잘못을 견디는 법을 배워야 한다."(E. 710) 여성이 주체적 판단을 하거나 자율적으로 행동하는 것은 바람직하지 않다. 여성은 자신을 위해서나 자식들을 위해서나, 남성의 판단이나 주위의 평판으로 평가된다. 소피의 매력과 미덕은 그것 자체만으로는 충분하지 않다. 남편과 사람들에게서 그렇다고 인정을 받아야 한다.

셋째, 여성의 "고유한 본분은 아이를 낳는 일"(E. 698)이다. 보편적인 법칙에 의하여 자연과 함께 풍속이 이러한 본분을 배려하고 있다. 소피는 출산과 양육에 헌신해야 한다. 그녀가 받아야 하는 교육은 양육과 가사를 위한 것에 한정되어야 한다. "여성의 일들을 사랑하게 만들고, 겸손하게 만들며,

자기들의 살림을 보살필 줄 알게 하고, 집안일을 돌보게 하라."(E, 715)

마지막으로 여성은 남편을 잘 인도하여 가장과 시민으로서의 책임을 깨닫게 해주어야 한다. 이를 위해 여성은 "남자들의 정신을 연구하고", "스스로 할 수 없으면서도 자신에게 필요한" 일을 남성에게 시킬 수 있는 기술을 익혀야 한다. (E, 737) 여성은 재치와 아름다움이라는 자신의 강점을 활용하여 남성을 제어하고 조종할 수 있어야 한다. 하지만 이런 기술은 여성 자신의 쾌락을 위해서가 아니라 가정의 행복을 증진시키기 위해 그리고 남편이 가장의 의무와 시민의 의무를 잘 이행하도록 안내하는 일에 쓰여야 한다.

루소는 여성이 지혜롭지 못하여 남성을 잘 다루지 못한다면 "여성은 남성의 동반자가 아닌 노예"(E, 712)로 전락하지만, "남성의 처지와 남성 고유의 장점들"을 잘 이용하여 행복한 가정과 국가를 만드는 데 기여하면 "여성은 남성과 동등한 지위를 유지하고 또 그에게 순종하면서도 그를 다스릴 수" 있다고 본다. (E, 712)

소피는 루소가 말한 교육 방법으로 양육된 여성이다. 그녀는 가문 좋은 집에서 좋은 천성을 갖고 태어났으며, 부모의 세심한 배려와 사랑을 받으며 키워졌다. 그녀는 예민한 감성과 소박한 미모를 지녔다. 딸이 "성숙한 판단력을 지니고 모든 점에서 20세가 된 처녀답게 잘 컸다고" 생각되었을 때, 그녀의 아버지는 딸에게 다음과 같이 말한다.

"소피야, 너도 이제 다 큰 처녀가 되었구나. 하지만 언제까지 처녀로 있지만은 않을 거야. 우리는 네가 행복하기를 바란다. 그것은 우리 자신을 위하는 길이기도 하단다. 왜냐하면 우리의 행복이 네 행복에 달려 있기 때문이다. 성실한 처녀의 행복이란 성실한 남자를 행복하게 해주는 일이다. 그러니 너도 결혼할 생각을 해야 한다. 일찍부터 생각해두어야한다. 왜냐하면 인생의 운명은 결혼에 달려 있고, 그 생각을할 시간이 많다 해도 결코 넉넉하다고 할 수 없으니 말이다." (E, 754)

소피가 에밀을 만났을 때 "소피는 아직 18세가 되지 않았고"(E, 822), 에밀은 겨우 22세가 되었을 때였다. 그들은 5, 6개월 동안 일주일에 두세 번씩 만나 서로를 알아간다. 하지만 에밀의 선생은 유럽 여행을 권한다. 어른이 되었지만 아직 공화국의 시민으로서 갖추어야 할 견문이 부족하다는 것이 그 이유였다.

"자네에 대해 말해보게. 남편과 아버지가 되기를 바라는 자네는 그 의무에 대해 깊이 생각해보았는가? 가장이 되면 국가의 구성원이 될 걸세. 그런데 국가의 구성원이 된다는 것이 무엇인지 자네는 알고 있는가? 자네는 인간으로서 자네의 의무를 연구해왔네. 하지만 시민의 의무가 무엇인지 알고 있는가? 정부와 법과 조국이 무엇인지 알고 있는가? 자네가 어떤 대가를 치러야 사는 것이 허용되는지, 누구를 위해 자네가 죽어야 하는지 알고 있는가? 자네는 모든 것을 배웠다고 생각하지만 아직은 아무것도 알지 못하네. 시민의 질서 속에 한 자리를 잡기 전에 그것을 이해하고 어떤 지위가 적합한지를 배워서 알아야 하네."(E, 823)

에밀은 2년 동안 유럽 여행을 하며 각국의 국민성과 풍속, 정부의 형태 등을 경험하고 관찰한 후 소피와 결혼하게 된다. 에밀의 선생이 소피에게 주는 마지막 조언은 다음과 같다. "자기 집에 있기를 좋아하는 남자는 모두 자기 부인을 사랑하는 법이오. 만약 당신 남편이 자기 집에서 행복하게 산다면, 당신도 행복한 부인이 될 것은 분명하오. 이제는 당신 애인을 너무 엄격하게 대하지 마시오. 그는 당신에게서 더 많은 친절한 대우를 받을 자격이 있소." 그런 다음 그는 제자에게 말한다. "친애하는 에밀이여, 사람은 평생토록 조언과 안내가 필요한 법일세. 이제까지 나는 자네에 대한 나의 의무를 이행하기 위해 최선을 다했네. 나의 오랜 임무는 여기서 끝나고, 이제 다른 사람이 그 임무를 맡아 시작하네. 오늘로 나는 자네가 내게 위임했던 권위를 양도하니, 이제부터 당신의 가정교사는 바로 이 사람일세."(E, 866~867)

『에밀』의 끝부분은 에밀이 자기의 선생에게 아이의 탄생이 임박했다는 소식을 알리면서 마무리된다. 에밀은 선생에게 자신이 미래에 맡게 될 아버지 역할에 대해 가르쳐줄 것을 부탁한다. 그는 이제 스스로 교육의 담당자가 될 차례다.

『에밀』은 할 일 없는 몽상가의 글?

　『에밀』은 복잡한 책이다. 이 책은 소설처럼 재미있게 읽히면서도 엄청난 사색이 필요한 무거운 이론서이기도 하다. 거기에는 정치, 사회, 종교, 역사 등 수많은 분야가 거론되고, 루소가 이전에 쓴 글에서 다룬 대부분의 주제가 담겨 있다. 이 책에는 학문과 예술, 문명과 사회, 인간 사이의 불평등, 정치와 교육, 종교의 제도나 조직 등에 관한 사유가 들어 있다. 이 책은 교육 에세이이고 교육 철학서이며, 동시에 실용적인 교육 개론서이기도 하다. 또한 대화, 소설, 고백 그리고 평론에 이르기까지 다양한 문학 형식이 섞여 있는 책이기도 하다.

　이 책의 이러한 다양하고 풍부한 특성 때문에 여러 가

지 형태의 독서가 가능하고, 그 때문에 오랫동안 이 책의 진정한 의미는 가려져 있었다. 1809년에 페스탈로치(Johann Heinrich Pestalozzi: 1746~1827)는 『에밀』이 "덮어 둔 책" 상태로 있었다고 했다. 서로 취하는 내용이 물론 모두 다르긴 하지만 『에밀』은 문학가를 위한 것이기도 하고, 철학자를 위한 것이기도 하고, 교육자를 위한 것이기도 하다. 하지만 그렇다고 『에밀』이 두루뭉술하고 애매한 표현으로 가득하거나, 흔한 말로 중언부언과 횡설수설로 가득 찬, 정신없는 책인 것은 아니다. 이 책은 할 일 없는 몽상가의 글이 아니며, 19세기의 비평가가 빈정대며 칭한 교육 소설도 아니다(루소가 『에밀』을 교육 소설이라고 진지하게 생각해본 적은 없다).

루소는 책의 서문에서 사람들이 이 책을 "교육론을 읽는다기보다는 한 환상가가 쓴 교육에 관한 몽상을 읽는다고"(E, 242) 생각할 것이라고 말했다. 물론 이 말은 이 책을 너무 쉽게 읽으려는 유혹을 경계하기 위한 것이다. 그가 쓴 글에 나오는 '몽상'이라는 말은 현대의 평론가들이 이 말에 대해 갖는 경멸적인 성격을 띠고 있지는 않다. 루소에게서 '몽상'은 그의 글을 말하기 위한 습관적이고 세련된 방식이며, 그의 창작 기술과도 연관된다.

『에밀』 제4권에서 루소는 독자들이 루소 자신이 살고 있다고 생각하는 "공상의 나라"와 독자들이 머물고 있는 "편견의 나라"를 비교·검토하면서 다음과 같이 말한다. "그들은 눈에 보이는 것만 가능하다고 생각하기 때문에 내가 묘사하는 젊은이를 공상적인 가공의 존재로 느낄 것이다. 왜냐하면 이 젊은이는 독자들이 그와 비교하게 되는 젊은이들과 다르기 때문인데, 그들은 그가 응당 그 젊은이들과 달라야 한다는 것을 생각하지 않는다. 그런데 이 젊은이는 다른 젊은이들과 완전히 다르게 길러졌고 전혀 다른 감성을 가졌으며 그들과 전혀 다르게 교육받은 이상, 그가 내가 예상하는 그런 존재가 아니라 그들과 닮은 존재라면 그것이 훨씬 더 놀라운 일일 것이다. 그는 인간이 만드는 인간이 아니라 자연이 만드는 인간이다. 당연히 그는 독자들 눈에는 대단히 이상하게 보일 것이 틀림없다."(E. 549). 루소에게서 꿈은 현실을 풍요롭게 하고, 논증의 바탕이 된다. 그 꿈은 『에밀』이 오늘날에도 세계적인 교육 지침서 가운데 하나가 될 수 있도록 새로운 차원과 생명을 불어넣게 해준다.

『에밀』에 가장 자주 제기되는 비판 가운데 하나는 루소의 교육적 실천 경험이 짧았고 내용도 비현실적이라는 것이다. 그러나 루소가 제시하는 교육 방법을 보면 그것이 단순한 이론적 성찰이 아니라 대단히 오랫동안 이루어진 세심한 관찰에 바탕을 두고 있다는 것을 알 수 있다. 그는 자신을 "성급하게 비난하는" 사람들에게 도대체 자신이 "어디에서 잘못 추론했는지를 말해주었으면 한다"라고 주문하면서 다음과 같이 말한다. "진실로 나는 한 도시의 성벽 안이나 어느 특정 계급의 사람들 가운데서 한정된 경험을 쌓은 것이 아니다. 나는 살면서 꽤 많은 계층과 국민을 보고 관찰할 수 있었다. 그리고 그들을 비교한 후 어떤 국민에게는 있는데 다른 국민에게는 없는 것, 어떤 신분의 사람들에게는 있는데 다른 신분의 사람들에게는 없는 것들은 인위적인 것이기에 배제하였고, 나이와 계급과 국적을 막론하고 모든 사람에게 공통된 것만을 명백히 인간에게 속하는 것으로 간주했다." (E, 550)

루소의 이런 경험이 없었다면, 『에밀』은 차갑고 거북한 책이 되었을 것이다. 스위스 제네바 도서관에 보관되어 있는 루소의 필사본(『에밀』의 필사본은 세 부가 있다)을 보면 루소가 『에밀』에서 소개하고 있는 교육 방법을 책으로 대중 앞에 발표하기 전에 얼마나 그것을 확인하고 또 확인했는가를 알 수 있다.

『에밀』은 루소가 자신의 저서 중 가장 뛰어나고 중요하다고 여겼던 작품이다. 그러나 "20년의 성찰과 3년의 작업"을 치르게 했던 이 작품은 출간(1762년) 당시부터 파리 고등 법원으로부터 분서령을 받는 등 많은 논란을 불러일으켰다. 이 책에 들어 있는 「사부아 보좌 신부의 신앙 고백」이 "신을 인정하되 만물의 창조자이자 주관자라는 관점을 받아들이지 않을 뿐만 아니라 인간 생활에 직접 관계하는 섭리와 은총, 기적, 계시 또한 인정하지 않는", 일종의 이신론(理神論)을 펼쳐 보였기 때문이다. 결국 『에밀』은 판매가 금지되었고, 루소에게는 구속 영장이 발부되었다. 루소는 체포를 피하기 위해 자신의 고향인 제네바로 향했지만, 그곳에서도 사정은 마찬가지였다. 1766년 1월에 영국으로 피신하기까지 약 4년간 『에밀』을 둘러싼 논란은 계속되었다. 이로 인해 루소 자신도 정신적으로 심한 압박에 시달리며 박해의 강박증을 갖기도 했다.

압수와 소각, 비난과 논란에도 불구하고—그리고 아마도 그 때문에—, 루소의 책은 대단한 성공을 거두었다. 맥이천(J. A. McEachern)이 집계한 바에 따르면 1762년에서 1800년에 이르기까지 『에밀』은 해적판과 번역본을 포함, 약 60여 판(版)이 나왔다. 『에밀』에서 소개된 방법대로 아이들(보통은 남자아이들)을 키우려는 시도도 셀 수 없이 많았다. 전류와 자기장의 관계를 나타내는 '앙페르의 법칙'을 발견한 프랑스 물리학자 앙페르(André-Marie Ampère: 1775~1836)와 베네수엘라의 독립 혁명 지도자 볼리바르(Simón Bolívar: 1783~1830) 등도 루소의 저서에서 쓰인 대로 키워졌다.

프랑스의 왕세자(미래의 루이 16세)도 아이가 언젠가 높은 신분에서 추락할 경우를 대비해서 기술을 가르치라는 루소의 조언대로 훈련을 받았다. 그러나 그 아들은 열쇠공으로 살 만한지 능력을 시험해보지도 못한 채, 단두대에서 목숨을 잃었다. 사실 『에밀』에 함축된 의미는 처음에 예상했던 것보다 훨씬 더 급진적인 방식으로 받아들여졌다. 모든 사람이 루소의 교육 프로그램이 실제적이라기보다 이상적이라는 데 동의했으면서도, 혁명 직전 한 작가는 실용성이 가장 중요한 고려 사항이 아니라는 것을 꿰뚫어 보았다. "이 책에서 만들어지는 것과 같은 완벽한 에밀이 현 사회 상태에서 불가능하다는 것은 확실하다. 적어도 예전의 우상은 산산이 부서졌다."

후대의 많은 인물들이 『에밀』의 사상에 흠뻑 빠져들었다. 평생 시계처럼 날마다 같은 시각에 같은 장소로 산책을 했던 칸트가 딱 한 번 산책을 거른 적이 있었는데, 그날이 바로 『에밀』을 읽고 있던 날이었다고 한다. 괴테는 "호주머니에는 언제나 호메로스를, 그리고 머리에는 언제나 『에밀』에 대한 생각을 담고 있었다"라고 말할 정도였다. 나폴레옹 또한 자신의 진중(陣中) 문고에 『에밀』을 꼭 챙겨 다녔다고 한다.

『에밀』은 서구 교육에 가장 큰 영향을 미친 기념비적 저작이다. 교육사가 보이드는 『에밀』의 교육사적 의미를 다음과 같이 높이 평가한다. "『에밀』은 18세기의 교육적 저작 중에서 비길 만한 것이 없을 정도로 중요한 것이며, 그것이 교육의 이론과 실제에 끼친 영향으로 판단한다면 인류 역사 전체를 통틀어 가장 중요한 교육적 저작이라고 말해도 좋을 것이다."[26]

　인간 본성과 사회 그리고 교육에 관한 루소의 성찰은 당대에는 물론 후대의 위대한 교육 사상가들에게 지대하고 깊은 영향을 미쳤다. 그가 주장한 교육의 원칙과 방법을 지지하는 자들과 반대하는 자들이 경쟁적으로 많은 출판물을 쏟아냈다. 양육이나 가정 교육, 공공 교육에 대한 문제 제기뿐만 아니라 교재나 학교 등의 교육 조직에 대한 다양한 의견도 제시되었다. 18세기 후반부터 이런 경향이 본격적으로 등장하기 시작했다. 프레빌(Anne-François-Joachim Fréville: 1749~1832)이나 드블레(Emmanuel Develey: 1764~1839) 같은 교육자는 역사책이나 산수책을 새롭게 만들어냈고, 또 다른 교육자들은 루소의 교육관에 동조하면서 무엇보다 어린이를 교육 활동의 중심에 두는 교육을 시도하려고 노력하였다.

　바제도(Johann Bernhard Basedow: 1723~1790)는 루소의 영향을 받아 독일의 교육을 개혁하기 위해 많은 노력을 했고, 자연 학습·체육·수공 교육(手工敎育) 등 실제적 활동을 학교 교과에 도입하였다. 또한 체벌과 언어 학습에서 기계적인 암기 방식을 없애야 한다고 주장했다. 그가 1774년에 데사우

(Dessau)라는 곳에 설립한 '범애 학교(Philanthropinum: 모범 학교)'는 어린이들로 하여금 자신의 행복을 누릴 수 있게 함과 동시에 공공의 이익 증진, 국가에 봉사할 수 있는 애국적인 생활을 영위하게 하려는 목적에서 만들어진 실험 학교이다.

페스탈로치는 루소의 『에밀』을 읽고 감동하여 '왕좌에 있으나 초가에 있으나 모두 같은 인간'이라는 신념으로 어린이 교육에 일생을 바쳤다. 지능·신체·도덕의 조화로운 발달을 교육의 목표로 삼았는데, 무엇보다 그는 때 묻지 않은 자연 속에서 어린이들이 공동으로 학습할 때야말로 공감과 신뢰에 기초한 아름다운 인간애가 나타날 수 있으며, 그를 통해 민중 역시 교화할 수 있다고 믿었다.

"어린이를 가르치는 최초의 시간이란 아이가 태어나는 시점부터 시작한다. 아이의 감각이 자연에 대한 인상을 느끼는 그 순간부터 자연은 그 아이를 교육하고 있는 것이다. 생명이 신선하다는 것은 그 같은 인상을 느끼고 받아들이는 능력이 이미 성숙되어 있다는 말과 같다. 또 그것은 온 힘과 모든 충동을 다해 전적으로 자신을 형성시킬 기회가 되는 생리적 맹아를 깨달은 것과 같다. 즉 인간이고자 하는 바람과 인간으로 정해진 삶이 지금 성숙되어 각성된 것이다. 그러므로 모든 인간 교육은, 지금이라도 자신의 역량을 펼치기를 기다리고 있는 자연에 도움을 받는 기술일 따름인 것이다."[27]

19세기 신인문주의 교육자 가운데 한 사람인 프뢰벨 (Friedrich Wilhelm August Fröbel: 1782~1852)은 페스탈로치와의 만남을 통해 루소의 교육철학에 공감하여 자신의 교육 운동을 전개했다. 무엇보다 그는 억압적인 교육 방식을 물리치고 어린이가 놀이와 노작 활동을 통해 자신의 세계를 만들고, 독립적이고 협력적인 사회 주체로 성장하기를 원했다. 프뢰벨은 초등학교에 취학하기 전(前)에 해당하는 아이들을 위한 교육에 일생을 바쳤으며, 그가 만든 '킨더가르텐' (Kindergarten: 어린이들의 뜰)은 오늘날의 '유치원'에 실천적 골격을 제공한 것이라 할 수 있다.

미국의 진보적 교육 운동의 대표자 듀이(John Dewey: 1859~1952)도 루소의 교육철학에 엄청난 관심을 가졌다. 그는 전통적 지식관이나 학교관을 비판하면서 다양한 실험학교를 설립하였고, 학교 교육의 주된 목적은 민주사회의 실현에 기여할 수 있는 시민을 양성하는 데 있다고 보았다. 교육에 대한 그의 생각은 주로 「학교와 사회」(1899) 「민주주의와 교육」(1916)에 나타나 있는데, 그에 따르면 교육이란 "경험의 끊임없는 개조(改造)이며, 미숙한 경험을 지적인 기술과 습관을 갖춘 경험으로 발전시키는 것이다. 따라서 학생들에게 일방적으로 지식을 주입시키거나, 반대로 학생들의 자발성(自發性)에만 의존하면 불충분하므로 여러 가지 경험에 참여시

킴으로써 창조력을 발휘시킬 수 있는 계획을 마련할 필요가 있다. 이 일을 위하여 학교는 현실사회의 모델일 뿐만 아니라, 사회 개조의 모체가 될 수 있는 이상사회로서 제시되어야 한다"[28]는 것이다.

루소는 20세기의 모든 교육 개혁가들이 택한 길의 교차점에 있다. 스위스의 심리학자 클라파레드(Édouard Claparède: 1873~1940)를 비롯해, 페레(Francisco Ferrer), 프레네(Célestin Freinet), 일리치(Ivan Illich), 섬머일 학교의 닐(A.S. Neill) 등 자유롭고 창의적인 교육을 고민한 모든 사람은 루소에게 경의를 표하고 그들의 사유에 루소가 이룩한 성과를 인정한다.

루소는 여전히 새로운 자극을 주는 작가이다. 프랑스 시인 브르통(André Breton: 1896~1966)은 루소는 "그 무엇보다 아이들 편에 있었고, 그 이후로 누구도 그만큼 하지 못했다"라고 말했다. 혹자는 루소의 『에밀』이 교육학과 심리학의 최신 방법론에 추월당했다고 한다. 하지만 다시 그의 글을 읽는다면 그의 글이 여전히 어린이에 관한 현대의 모든 성찰에 교훈을 주고 있으며, 위기에 처한 현대의 학교 교육에 그것을 극복할 실마리를 제공하고 있음을 알게 될 것이다.

* * *

　흔히 루소를 '어린이의 발견자'라고 말한다. 그것은 바로 그가 근세에 이르기까지 성인 중심의 아동관을 날카롭고 매섭게 비판하고, 최초로 아동을 성인의 축소판으로서가 아닌, 아동 그 자체로 인정하였으며 또한 아동 초기의 성향, 즉 최초의 능력이 처음으로 싹틀 때가 교육에서 어느 때보다 중요하다고 생각하였기 때문이다. 즉 루소는 아동의 지위와 가치를 새롭게 발견한 것이다.

　루소는 『에밀』에서 "자연으로 돌아갈 것"을 강조함으로써 '인간성'에 바탕을 둔 보편적인 교육 사상을 처음으로 내세웠다. "아이는 아이로 다루어야 한다" 그리고 "15세 이전의 교육은 소극적이어야 한다"와 같은 그의 중요 명제들은 오늘날까지도 교육의 방향을 인도하여 주는 준칙으로 유효하며, "교육이 원래 지향했던 '초심'을 확인시켜주는 기준점으로 여전히 빛을 발하고"[29) 있다.

　후대의 많은 비평가들의 말처럼 『에밀』은 어쩌면 "문학일 뿐"일지도 모른다. 루소 자신의 말처럼 "어느 환상가가 쓴 교육에 관한 몽상"에 불과할지도 모른다. 그러나 이 점이 『에밀』의 가치를 떨어뜨리지는 않는다. 현대 사회에서 루소가 제시한 자연적 교육을 그대로 실천에 옮길 수는 없다. 중요한 것은 루소가 제시한 '교육의 원칙'과 정신을 이해하고 공감하는 것이다. 그런 점에서 『에밀』의 한국어 번역자가 한 다음과 같은 평가는 새겨들을 만하다.

"우리가 『에밀』에서 주목해야 할 것은 과연 이러한 교육이 현실에서 가능하고 그것이 성공할 수 있는가라는 구체적인 문제보다, 루소가 이러한 이상을 품고 인간과 교육 현실에 대해 탁월한 통찰력을 제공해주고 있다는 점이다. 우리가 인간에 대해 더욱 깊고 폭넓은 이해에 접근하는 만큼 우리는 그만큼 더 우리와 우리의 세계를 바꿀 수 있는 힘을 갖게 된다. 인간의 문제에 대한 완벽하고 결정적인 해결책이란 없다. 상황에 맞추어 인간의 이해에서 나온 지혜를 적용할 때, 우리는 조금 더 나은 해결책을 찾을 수 있을 뿐이다."[30]

1) Jean-Jacques Rousseau, *Œuvres complètes*, tome IV, Paris, Gallimard, "Bibliothèque de la Pléiade," 1959, pp. 262~263. 『에밀』의 텍스트로는 이 판본을 사용한다. 본서에서 이 작품을 언급할 경우, 괄호 안에 약어 'E'와 페이지 수만을 명기하기로 한다. 번역본으로는 이용철 · 문경자 옮김, 『에밀 또는 교육론』(한길사, 2007), 김중현 옮김, 『에밀』(한길사, 2003)을 참조하였다.

2) _____, *Les Confessions, Œuvres complètes*, tome I, p. 331. 루소와 테레즈에 관한 내용은 『고백록』 제7권에 나온다.

3) 루소의 저작에 대한 평가는 로버트 워클러, 「장 자크 루소: 도덕의 타락과 자유의 추구」(브라이언 레드헤드, 『서양 정치 사상』, 문학과지성사, 1994)를 참조하였다.

4) 서양근대철학회, 『서양근대철학』, 창비, 2001, p. 315.

5) 루소, 이용철 옮김, 『고백록 2』, 나남, 2012, p. 465.

6) 김용민, 『루소의 정치철학』, 인간사랑, 2004, p. 266.

7) Jean-Jacques Rousseau, *Rousseau juge de Jean-Jacques, Œuvres complètes*, tome I, p. 934. 『대화(Dialogues)』로 더 잘 알려져 있는 『루소, 장 자크를 심판하다(Rousseau juge de Jean-Jacques)』는 1772년과 1774년 사이에 집필된 것이다.

8) 김용민, 『루소의 정치 철학』, 인간사랑, 2004, pp. 29~30.

9) 김행선, 『루소의 생애와 사상』, 노란숲, 2011, p. 127. 참조할 것.

10) 김수동, 『루소의 자연주의 교육 사상』, 문음사, 1997, p. 96.

11) 박의수 外, 『교육의 역사와 철학』, 동문사, 2008, p. 205.

12) Jean-Jacques Rousseau, *Rousseau juge de Jean-Jacques, Œuvres complètes*, tome I, Paris, Gallimard, Bibliothèque de la Pléiade, 1959, p. 934.

13) 같은 책, p. 934.

14) 김용민, 『루소의 정치 철학』, 인간사랑, 2004, p. 196.

15) Jean-Jacques Rousseau, *Discours sur les Sciences et les Arts*, Œuvres complètes, tome III, Paris, Gallimard, Bibliothèque de la Pléiade, 1964, p. 24.

16) B. Russell, *On Education ; Especially in Early Childhood*, 1926, 김영숙 옮김, 『러셀의 자녀 교육론』, 서광사, 1989, p. 15.

17) 권터 루돌프 슈미트, 「존 로크」, 『교육학의 거장들 1』, 한길사, 2004, p. 183.

18) Henri-Irénée Marrou, *Histoire de l'éducation dans l'Antiquité. I - Le monde grec*, Paris: Seuil, 1981, p. 325.

19) 루소, 이용철 옮김, 『에밀 또는 교육론 1』, 2007, p. 20. 참조할 것.

20) Jean-Jacques Rousseau, *La Nouvelle Héloïse, Œuvres complètes*, tome II, Paris, Gallimard, Bibliothèque de la Pléiade, 1961, p. 568.

21) Ph. Ariès, L'enfant et la vie familiale sous l'Ancien Régime, Paris: Seuil, 1973, pp. 191~193.

22) 리오 담로시, 이용철 옮김, 『루소(인간 불평등의 발견자)』, 교양인, 2011, p. 480.

23) 오인탁, 「루소」, 『위대한 교육사상가들 IV』, 교육과학사, 2000, p. 242.

24) Jean-Jacques Rousseau, *La Nouvelle Héloïse, Œuvres complètes*, tome II, Paris, Gallimard, Bibliothèque de la Pléiade, 1961, p. 568.

25) 김용민, 『루소의 정치철학』, 인간사랑, 2004년, 197쪽.

26) 이홍우, 『서양교육사』, 교육과학사, 1994, p. 451. 문경자, 『에밀의 수용과 번역에 관한 연구』, p. 113. 재인용.

27) 자크 바전, 이희재 옮김, 『새벽에서 황혼까지 1500-2000 2』, 민음사, 2006년, pp. 55~56. 재인용.

28) 한재영 외, 『수학으로 미래를 열어라』, 좋은땅, 2012년, pp. 178~179. 재인용.

29) 안광복, "문명에 물들지 않는 건강한 자연인을 꿈꾸다-에밀(장 자크 루소)", 『한겨레』, 2005년 6월 24일

30) 이용철, 「상상력을 통한 자연의 승화」, 『에밀』, 한길사, 2007, p. 43.

참고문헌

Philippe Ariès, *L'enfant et la vie familiale sous l'Ancien Régime*, Paris: Seuil, 1973.

Jean Château, *Rousseau, sa philosophie de l'éducation*, Paris: Vrin, 1962.

Jean-Jacques Rousseau, *La Nouvelle Héloïse, Œuvres complètes*, tome II, Paris, Gallimard, Bibliothèque de la Pléiade, 1961.

_____, *Rousseau juge de Jean-Jacques, Œuvres complètes*, tome I, Paris, Gallimard, Bibliothèque de la Pléiade, 1959.

Monique et Bernard Cottret, *Jean-Jacques Rousseau en son temps*, Paris: Perrin, 2005.

Michel Fabre, *Jean-Jacques Rousseau. Une fiction théorique éducative*, Paris: Hachette, 1990.

François Lebrun, Marc Vernard, Jean Quéniart, *Histoire générale de l'enseignement et de l'éducation en France*, tome II, "De Gutenberg aux Lumières," Paris: Nouvelle librairie de France, 1988.

Henri-Irénée Marrou, *Histoire de l'éducation dans l'Antiquité. I - Le monde grec*, Paris: Seuil, 1981.

Michel Sötard, "Jean-Jacques Rousseau," in HOUSSAYE Jean (dir.), *Quinze pédagogues, leur influence aujourd'hui*, Paris: Armand Colin, 1994.

Tzvetan Todorov, *Frêle bonheur: essai sur Rousseau*, Paris: Hachette, 1985.

Yves Vargas, *Introduction à l'Émile de Rousseau*, Paris: PUF, 1995.

김수동, 『루소의 자연주의 교육사상』, 문음사, 1997.

김용민, 『루소의 정치철학』, 인간사랑, 2004.

김행선, 『루소의 생애와 사상』, 노란숲, 2011.

리오 담로시, 이용철 옮김, 『루소(인간 불평등의 발견자)』, 교양인, 2011.

미셸 투르니에, 이은주 옮김, 『흡혈귀의 비상』, 현대문학, 2002.

박의수 外, 『교육의 역사와 철학』, 동문사, 2008.

버트런드 러셀, 김영숙 옮김, 『러셀의 자녀 교육론』, 서광사, 1989

브라이언 레드헤드, 『서양 정치 사상』, 문학과지성사, 1994

안인희, 『루소의 자연교육사상』, 이화여자대학교출판문화원, 1992.

연세대학교 교육철학연구회, 『위대한 교육사상가들 IV』, 교육과학사, 2000.

장 자크 루소, 김중현 옮김, 『에밀』, 한길사, 2003.

_____, 이용철·문경자 옮김, 『에밀 또는 교육론 1』, 한길사, 2007.

_____, 이용철 옮김, 『고백록 2』, 나남, 2012.

주영흠 外, 『교육철학 및 교육사』, 신정, 2010.

한스 쇼이얼, 정영근 옮김, 『교육학의 거장들 1』, 한길사, 2004.

장 자크 루소 연보

1712년 6월 28일, 스위스의 제네바 그랑 뤼 가(街) 40번지에서 아버지 이사크 루소(Issac Rousseau)와 어머니 쉬잔 베르나르(Suzanne Bernard) 사이에서 태어남.

7월, 성 베드로 사원에서 영세를 받음. 계속된 열병으로 어머니 사망.

1719년 아버지와 함께 많은 소설을 읽음. 특히 플루타르코스를 탐독함.

1722년 10월, 아버지가 한 퇴역 장교와 싸운 뒤 제네바를 떠나 니옹 (Nyon)으로 이사. 사촌 아브라함 베르나르와 함께 제네바 근처 보세에 있는 랑베르시에(Lambercier) 목사 집에 기숙생으로 들어감.

1724년 제네바로 다시 돌아와 외숙 가브리엘 베르나르 집에 거주. 사법 서사 마스롱(Masseron) 집에서 수습 서기로 일함.

1725년 조각가 뒤코묑(Ducommun)과 계약을 체결하고 견습공으로 일하지만 별로 흥미를 느끼지 못함.

1728년   3월, 안시의 바랑 부인(Mme de Warens) 집에 잠시 머문 후 토리
노로 감. 그곳 소재 성령 수도원에 들어감.

4월, 신교를 버리고 가톨릭으로 개종. 토리노의 귀족 집에서 하
인으로 일함.

1729년   6월, 바랑 부인이 살고 있는 안시로 돌아옴.

8~9월, 두 달 동안 성 라자르회 신학교에 다님. 이어 성가대원
양성소의 기숙생이 됨.

1730년   음악 개인교사 노릇을 하면서 스위스와 프랑스를 두루 방랑.

1731년   6~8월, 처음으로 파리에 체류.

9월, 몇 주일 동안 리옹에서 지내다가 샹베리로 바랑 부인을 찾
아감. 사부아의 측지소(測地所)에서 일함.

1732년   6월, 측지소를 그만두고 음악 개인교사로 활동하는 한편 바랑
부인의 조수로 일함.

1735~1736년 샤르메트(Charmettes) 계곡의 노에레 집(la maison Noëray)에
서 바랑 부인과 함께 체류.

1737년   6월, 시각을 잃을 뻔한 실험실 사고가 있은 뒤 유언장을 작성.

7월, 유산 상속 문제를 해결하기 위해 제네바에 다녀옴. 몽펠리
에에 잠시 체류.

1738년   2~3월, 바랑 부인에게 돌아오지만, 그녀에게는 이미 다른 연인
이 있었음.

1739년   혼자 샤르메트 계곡에 남아 독서를 하며 독학.

1740년   4월, 샹베리를 떠나 리옹으로 가서 리옹 법원장 마블리(Mably)
씨의 두 아들의 가정교사가 됨. 주인집 아들을 위해 「생트 마
리 씨의 교육에 대한 연구(Projet pour l'éducation de Monsieur de

Sainte-Marie)」를 씀.

1741년 3월, 마블리 씨 집 가정교사를 그만두고 샹베리로 돌아옴. 새로
운 음악 개념의 체계 수립을 위해 계속해서 연구함.

1742년 7월, 파리로 이주. 악보 표기에 있어 음표를 숫자로 대체하자는
제안을 파리 과학 아카데미에 제출. 이 논문을 출판하기 위해
개작.

1743년 『현대 음악론(Dissertation sur la Musique moderne)』을 키요 출판
사에서 발간. 오페라 「사랑의 뮤즈들(Les Muses galantes)」 집필
시작.
7월 10일, 베네치아 주재 프랑스 대사의 비서로 근무하기 위해
파리를 떠남.

1744년 8월, 대사와 싸운 뒤 파리로 돌아옴.

1745년 3월, 당시 23세인 오를레앙 출신의 여관 하녀 테레즈 르바쇠르
(Thérèse Levasseur)를 알게 됨.
9~12월, 「사랑의 뮤즈들」 공연. 디드로와 콩디야크를 알게 됨.
볼테르와 편지를 교환.

1746년 슈농소에 있는 뒤팽 가의 비서로 일하면서 「실비의 오솔길(l'
Allée de Sylvie)」을 씀. 겨울에 첫째 아이가 태어나지만 고아원에
보냄. 이후 태어나는 네 명의 아이들도 그렇게 함.

1747년 5월, 아버지 사망. 어머니의 재산을 상속받음.

1749년 1~3월, 달랑베르의 부탁을 받아 『백과전서(Encyclopédie)』의 음
악에 대한 항목들 집필.
7월, 디드로 체포되어 뱅센 감옥에 감금됨.
10월, 뱅센 감옥에 디드로를 면회하러 가던 도중에 디종 아카데

미의 현상논문 모집 주제 '학문과 예술의 부흥은 풍속의 순화에 기여했는가?'를 『메르퀴르 드 프랑스(Mercure de France)』에서 읽음. 그때부터 「학문 예술론(Discours sur les sciences et les arts)」을 쓰기 시작.

1750년   7월, 디종 아카데미에서 「학문 예술론」으로 일등상을 받음. 그해 겨울에 자신의 첫 번째 논문인 『학문 예술론』을 출판.

1751년   뒤팽 가의 일을 그만두고 악보 베끼기로 생활비를 벌기 시작.

1752년   10월, 루이 15세 앞에서 오페라 「마을의 점쟁이(Le Devin du Village)」 상연.
         12월, 테아트르 프랑세즈에서 청년기 작품인 「나르시스 또는 자아의 애인(Narcisse ou l'Amant de lui-même)」을 공연.

1753년   11월, 디종 아카데미 현상논문 공모 주제 '인간 사이의 불평등의 기원은 무엇이며, 불평등은 자연법에 의해 허용되는가?'를 『메르퀴르 드 프랑스』지에 게재. 『인간 불평등 기원론(Discours sur l'origine de l'inégalité parmi les hommes)』 집필 시작. 1752년에 집필한 『프랑스 음악에 관한 편지(Lettre sur la Musique française)』 출간.

1754년   6월, 테레즈와 함께 제네바로 떠남.
         8월, 제네바 교회에서 다시 신교로 복귀. 제네바 시민권 복권.

1755년   4월, 『인간 불평등 기원론(제2논문)』이 암스테르담에서 출간됨.

1756년   4월, 에피네 부인이 마련해준 몽모랑시의 집 '레르미타주(l'Ermitage)'로 이주. 여름부터 가을에 걸쳐 『신 엘로이즈』의 인물들을 구상.

1757년   우드토 부인(Mme d'Houdetot)에게 정열을 기울임. 에피네 부인과 작별하고 그림(Grimm), 디드로와 결별.

1758년 『달랑베르에게 보내는 연극에 관한 편지(Lettre à d'Alembert sur les spectacles)』에서 무대예술을 공격함.

1759년 5월, 뤽상부르 원수 초대로 몽모랑시에 있는 '프티샤토(Petit-Château)'로 이주. 『에밀(Émile ou de l'éducation)』과 『사회 계약론(Contrat Social)』 집필.

1761년 1월, 『신 엘로이즈』가 파리에서 시판되어 큰 성공을 거둠.
9월, 『언어 기원에 관한 시론(Essai sur l'origine des langues)』을 말제르브에게 맡김.

1762년 4월, 『사회 계약론』이 암스테르담에서 출간됨. 거의 동시에 『에밀』이 파리와 암스테르담에서 출간됨.
6월, 경찰이 『에밀』을 압수. 국회에서 『에밀』의 발행 금지령이 통과되어 루소에게 구속영장이 발부되자 6월 9일 몽모랑시를 떠나 스위스로 도피. 제네바에서 『에밀』과 『사회 계약론』이 판매 금지됨. 7월 산골마을 모티에(Môtiers)로 이사.

1763년 3월, 『에밀』에 유죄를 선고했던 파리 주교 크리스토프 보몽을 반박하는 『크리스토프 드 보몽에게 보내는 편지(Lettre à Christophe de Beaumont)』 출간.
5월, 제네바 시민권 포기.

1764년 『산에서 쓴 편지들(Lettres écrites de la Montagne)』에서 제네바 총독 트롱생과 논쟁을 벌임. 볼테르가 익명의 팸플릿 『시민들의 견해(Le Sentiment des citoyens)』에서 루소를 공격함. 『코르시카 헌법 초안(Projet de constitution pour la Corse)』 집필. 『고백록(Les Confessions)』 집필 시작.

1765년 3월, 『산에서 쓴 편지들』, 파리에서 불태워짐.

9월, 주민들의 박해로 모티에를 떠나 비엔 호수의 외딴 섬 생피에르(Saint-Pierre)로 도피.

10월, 베른 정부의 명령으로 생피에르 섬을 떠남. 흄(David Hume), 루소에게 편지를 써서 영국으로 피신할 것을 제안.

1766년 1월, 흄과 함께 파리를 출발하여 런던에 도착. 치즈위크(Chiswick)에 정착

2월, 테레즈가 루소와 합류.

3월, 루소 부부, 우턴(Wootton)으로 떠남. 그곳에서 『고백록』 앞부분 집필. 흄과 루소 사이가 소원해짐. 정신병(추적망상) 때문에 사람들로부터 고립됨.

1767년 5월, 테레즈와 함께 프랑스로 돌아옴. 그들은 이후 여러 해 동안 트리 성과 같은 외딴 곳에 소재한 귀족들의 영지나 남부 프랑스의 부르구앵과 몽캥 같은 작은 마을에 살았는데 가명을 써야 할 때도 많았음.

11월, 『음악사전(Dictionnaire de Musique)』 출판.

1768년 8월 30일, 부르구앵에서 테레즈와 결혼.

1770년 6월, 파리로 돌아옴. 다시 악보 필경사로 일함. 『고백록』 탈고.

1771년 경찰이 루소의 『고백록』 낭독을 금지함. 『폴란드 정부론(Considérations sur le Gouvernement de Pologne)』 집필 시작.

1772년 『루소, 장 자크를 심판하다(Rousseau juge de Jean-Jacques)』로 개칭된 『대화(Dialogues)』 집필 시작. 자주 의기소침과 망상에 시달림. 이후 여러 해 동안 파리 근교로 식물채집 여행을 하는 한편 식물학에 관한 편지와 논문 집필.

1776년　2월, 『대화』의 원고를 노트르담 성당의 주제단에 놓아두고 싶어
　　　　그곳에 갔으나 문이 닫혀 있었음.

　　　　4월, 거리에서 「여전히 정의와 진실을 사랑하는 모든 프랑스
　　　　인에게(À tout Français aimant encore la justice et la vérité)」라는
　　　　전단을 나누어줌. 가을에 『고독한 산책자의 몽상(Rêveries du
　　　　Promeneur solitaire)』 집필 시작.

　　　　12월, 아비뇽 통신, 루소의 사망을 잘못 보도.

1777년　재정적 어려움을 겪음. 테레즈가 오래전부터 아팠기 때문에 하
　　　　녀를 둘 필요가 있었음.

1778년　4월, 『고독한 산책자의 몽상』 「열번째 산책」(미완성) 집필.

　　　　5월, 지라르댕 후작의 영지 에름농빌(Ermenonville)로 이주.

　　　　7월 2일, 공원을 산책하고 테레즈와 함께 아침을 먹은 뒤 오전
　　　　11시경에 사망.

　　　　7월 4일, 에름농빌 공원 호수의 포플러나무 섬에 안장됨.

1794년　10월, 국민 공회, 루소의 유해를 팡테옹으로 이장.

루소, 교육을 말하다 『에밀』 깊이 읽기

펴낸날	**초판 1쇄 2016년 11월 5일**

지은이	**고봉만·황성원**
펴낸이	**심만수**
펴낸곳	**(주)살림출판사**
출판등록	**1989년 11월 1일 제9-210호**

주소	**경기도 파주시 광인사길 30**
전화	**031-955-1350** 팩스 **031-624-1356**
홈페이지	**http://www.sallimbooks.com**
이메일	**book@sallimbooks.com**

ISBN	978-89-522-3527-5 04080
	978-89-522-0096-9 04080 (세트)

※ 값은 뒤표지에 있습니다.
※ 잘못 만들어진 책은 구입하신 서점에서 바꾸어 드립니다.

이 도서의 국립중앙도서관 출판시도서목록(CIP)은 서지정보유통지원시스템 홈페이지
(http://seoji.nl.go.kr)와 국가자료공동목록시스템(http://www.nl.go.kr/kolisnet)에서
이용하실 수 있습니다.(CIP제어번호: CIP2016025874)

책임편집·교정교열 **서상미·홍민정**

026 미셸 푸코

양운덕(고려대 철학연구소 연구교수)

더 이상 우리에게 낯설지 않지만, 그렇다고 손쉽게 다가가기엔 부담스러운 푸코라는 철학자를 '권력'이라는 열쇠를 가지고 우리에게 열어 보여 주는 책. 권력은 어떻게 작용하는가에서 논의를 시작하여 관계망 속에서의 권력과 창조적·생산적·긍정적인 힘으로서의 권력을 이야기해 준다.

027 포스트모더니즘에 대한 성찰

신승환(가톨릭대 철학과 교수)

포스트모더니즘의 역사와 논의를 차분히 성찰하고, 더 나아가 서구의 근대를 수용하고 변용시킨 우리의 탈근대가 어떠한 맥락에서 이해되는지를 밝힌 책. 저자는 오늘날 포스트모더니즘으로 대변되는 탈근대적 문화와 철학운동은 보편주의와 중심주의, 전체주의와 이성 중심주의에 대한 거부이며, 지금은 이 유행성의 뿌리를 성찰해 볼 때라고 주장한다.

202 프로이트와 종교

권수영(연세대 기독상담센터 소장)

프로이트는 20세기를 대표할 만한 사상가이지만, 여전히 적지 않은 논란과 의심의 눈초리를 받고 있다. 게다가 신에 대한 믿음을 빼앗아버렸다며 종교인들은 프로이트를 용서하지 않을 기세이다. 기독교 신학자인 저자는 이 책을 통해 종교인들에게 프로이트가 여전히 유효하며, 그를 통하여 신앙이 더 건강해질 수 있다는 점을 보여 주려 한다.

427 시대의 지성 노암 촘스키

임기대(배재대 연구교수)

저자는 노암 촘스키를 평가함에 있어 언어학자와 진보 지식인 중 어느 한 쪽의 면모만을 따로 떼어 이야기하는 것은 불합리하다고 말한다. 이 책에서는 촘스키의 가장 핵심적인 언어이론과 그의 정치비평 중 주목할 만한 대목들이 함께 논의된다. 저자는 촘스키 이론과 사상의 본질에 다가가기 위한 이러한 시도가 나아가 서구 사상을 받아들이는 우리의 자세와도 연결된다고 믿고 있다.

024 이 땅에서 우리말로 철학하기

이기상(한국외대 철학과 교수)

우리말을 가지고 우리의 사유를 펼치고 있는 이기상 교수의 새로운 사유 제안서. 일상과 학문, 실천과 이론이 분리되어 있는 '궁핍의 시대'에 사는 우리에게 생활세계를 서양학문의 식민지화로부터 해방시키고, 서양이론의 중독으로부터 벗어나야 한다고 역설한다. 저자는 인간 중심에서 생명 중심으로의 변환과 관계론적인 세계관을 담고 있는 '사이 존재'를 제안한다.

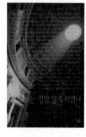

025 중세는 정말 암흑기였나 `eBook`

이경재(백석대 기독교철학과 교수)

중세에 대한 친절한 입문서. 신과 인간에 대한 중세인의 의식을 다루고 있는 이 책은 어떻게 중세가 암흑시대라는 일반적인 인식을 가지게 되었는지에 대한 물음을 추적한다. 중세는 비합리적인 세계인가, 중세인의 신앙과 이성은 어떠한 관계를 갖고 있는가 등에 대한 논의를 하고 있다.

065 중국적 사유의 원형 `eBook`

박정근(한국외대 철학과 교수)

중국 사상의 두 뿌리인 『주역』과 『중용』을 철학적 관점에서 접근한다. '산다는 것은 무엇인가?'라는 근원적 질문으로부터 자생한 큰 흐름이 유가와 도가인데, 이 두 사유의 흐름을 거슬러 올라가다 보면 그 둘이 하나로 합쳐지는 원류를 만나게 된다. 저자는 『주역』과 『중용』에 담겨 있는 지혜야말로 중국인의 사유세계를 지배하는 원류라고 말한다.

076 피에르 부르디외와 한국사회 `eBook`

홍성민(동아대 정치외교학과 교수)

부르디외의 삶과 저작들을 통해 그의 사상을 쉽게 소개해 주고 이를 통해 한국사회의 변화를 호소하는 책. 저자는 부르디외가 인간의 행동이 엄격한 합리성과 계산을 근거로 행해지기보다는 일정한 기억과 습관, 그리고 사회적 전통에 영향을 받는다는 사실로부터 시작한다는 점을 강조한다.

096 철학으로 보는 문화   eBook

신응철(숭실대 인문과학연구소 연구교수)

문화와 문화철학 연구에 관심 있는 사람을 위한 길라잡이로 구상
된 책. 비교적 최근에 분과학문으로 등장하기 시작한 문화철학의
논의에 반드시 들어가야 할 요소를 선택하여 제시하고, 그 핵심 내
용을 제공한다. 칸트, 카시러, 반 퍼슨, 에드워드 홀, 에드워드 사이
드, 새무얼 헌팅턴, 수전 손택 등의 철학자들의 문화론이 소개된
다.

097 장 폴 사르트르   eBook

변광배(프랑스인문학연구모임 '시지프' 대표)

'타자'는 현대 사상에 있어 가장 중요한 개념 중 하나이다. 근대가
'자아'에 주목했다면 현대, 즉 탈근대는 '자아'의 소멸 혹은 자아의
허구성을 발견함으로써 오히려 '타자'에 관심을 갖게 되었다. 그리
고 타자이론의 중심에는 사르트르가 있다. 사르트르의 시선과 타
자론을 중점적으로 소개한 책.

135 주역과 운명   eBook

심의용(숭실대 강사)

주역에 대한 해설을 통해 사람들의 우환과 근심, 삶과 운명에 대한
우리의 자세를 말해 주는 책. 저자는 난해한 철학적 분석이나 독해
의 문제로 우리를 데리고 가는 것이 아니라 공자, 백이, 안연, 자로,
한신 등 중국의 여러 사상가들의 사례를 통해 우리네 삶을 반추하
는 방식을 취한다.

450 희망이 된 인문학   eBook

김호연(한양대 기초·융합교육원 교수)

삶 속에서 배우는 앎이야말로 인간의 운명을 바꿀 수 있는 기회
를 준다. 그래서 삶이 곧 앎이고, 앎이 곧 삶이 되는 공부를 하는 것
이 무엇보다 중요하다. 저자는 인문학이야말로 앎과 삶이 결합된
공부를 도울 수 있고, 모든 이들이 이 공부를 할 수 있어야 한다고
믿는다. 특히 '관계와 소통'에 초점을 맞춘 인문학의 실용적 가치,
'인문학교'를 통한 실제 실천사례가 눈길을 끈다.

eBook 표시가 되어있는 도서는 전자책으로 구매가 가능합니다.

(주)살림출판사

www.sallimbooks.com

주소 경기도 파주시 문발동 522-1 | 전화 031-955-1350 | 팩스 031-955-1355